JN142536

地主さん、不動産オーナーさん、必見！

相続税を納め過ぎないための土地評価の本

不動産鑑定士
藤宮 浩
税理士
髙原 誠

はじめに

あなたの相続税は、納め過ぎかもしれません

相続税は、「人の死」を起因として、その方の残された財産に課税される税金です。厚生労働省の人口動態調査によると、わが国は年間130万人以上が亡くなる多死社会に突入しており、亡くなる方のほとんどが高齢者です。日本の高齢者はまた、最も多くの資産を持っている年齢層でもありますから、彼らが亡くなることで財産の世代間移転（＝相続）が発生し、それにともなって相続税を納めなければならない方も増えています。

フジ総合グループは、相続専門の税理士を抱える「フジ相続税理士法人」と、相続に精通した不動産鑑定士を擁する「株式会社フジ総合鑑定」からなる協働事務所であり、平成4年の設立以来、26年間で5000件以上もの相続関連業務を担ってまいりました。

当グループでは、亡くなってから10か月以内に行う「相続税の申告」代理業務のほか、申告期限から5年以内の方を対象に、主に相続財産の評価額を見直すことで払い過ぎていた相続税を戻してもらう「相続税還付」業務も承っております。

実は、相続税還付で当グループにご相談にお見えになった方のうち、実に7割の方に何らかの還付可能性が見つかっています。つまり、相当数の方に相続税の「納め過ぎ」が発生しているということ。なぜこのようなことが起こるのでしょうか。

この原因を探るヒントとなるのが「土地評価」。「土地評価がなぜ？」と感じる方もいるかと思いますが、本書を読み進めていただくと、「確かに、土地評価は相続税で重要だ」と納得していただけるのではないかと思います。

本書は、相続税で土地評価がどれほど大切なのか、どのような土地で評価額が下がりやすいのか、また結果的にどれほど相続税が安くなり、戻ってくるのか、一般の方々にも理解しやすいように、わかりやすくまとめたものです。

みなさんが過去に払った相続税も、もしかしたら納め過ぎが起きているかもしれません。またはこれから払う相続税も、納め過ぎてしまうかもしれません。このようなことがないように、本書をお読みいただき、みなさんの納税が適正なものになれば、著者一同、幸甚の至りです。

平成31年4月吉日

フジ総合グループ　代表
株式会社フジ総合鑑定　代表取締役
藤宮　浩

フジ総合グループ　副代表
フジ相続税理士法人　代表社員
髙原　誠

目次

PART 1

相続税はなぜ納め過ぎてしまう？

相続税のしくみの落とし穴

「はじめに」に記したように、
相続税は「納め過ぎ」が起こりやすい税金です。
これを聞くと、
「税務の専門家である税理士にお願いしているはずなのに、なぜ？」と
疑問をお持ちになる方もいるかもしれません。
本ＰＡＲＴでは、相続税のしくみにふれるとともに、
「相続税の納め過ぎ」が起こる理由、
またそれを防ぎ、適正金額による納税を実現するための
ポイントについて、お伝えしていきます。

そもそも相続税って？

世の中にはたくさんの税金がありますが、相続税は、「人の死」を起因として、その方の残された財産に課税される税金です。この場合に亡くなった人は「被相続人」、財産を受け継ぐ人は「相続人」と呼ばれます。

たとえば、父、母、子2人の家族で父が亡くなった場合、父が被相続人、母、子2人が相続人となります。このような場合、民法の規定では、母（配偶者）の法定相続分は2分の1、子の法定相続分はそれぞれ4分の1です。

相続税の計算は、土地や建物、預貯金、有価証券など、相続人が取得した財産の被相続人が亡くなった時点（相続開始時点）での価値を計算し、その金額をもとに、相続人が納めるべき税額が決められます。

一般に、物事の価値を計算することを「評価する」といいますが、相続税の世界でも、価値を計算する場面がよくあり、たとえば「財産を評価する」「土地を評価する」「家屋を評価する」といったように使われます。

また、評価によって割り出された数値は「価格」ではなく、「価額」もしくは「評価額」と呼ばれます。価格は、当事者間の合意によって決まる主観的なものですが、価額は、客観的な指標に基づき算定され

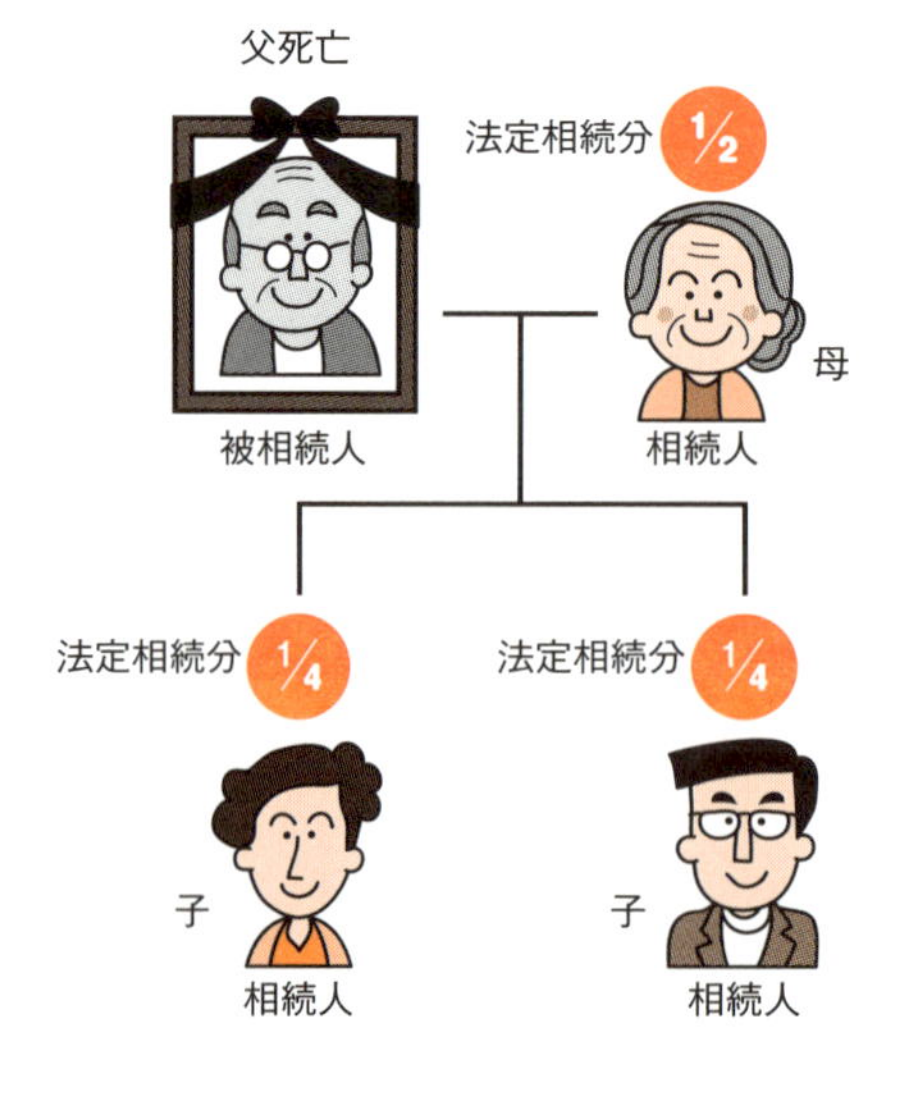

被相続人が亡くなると、さまざまな手続きが…

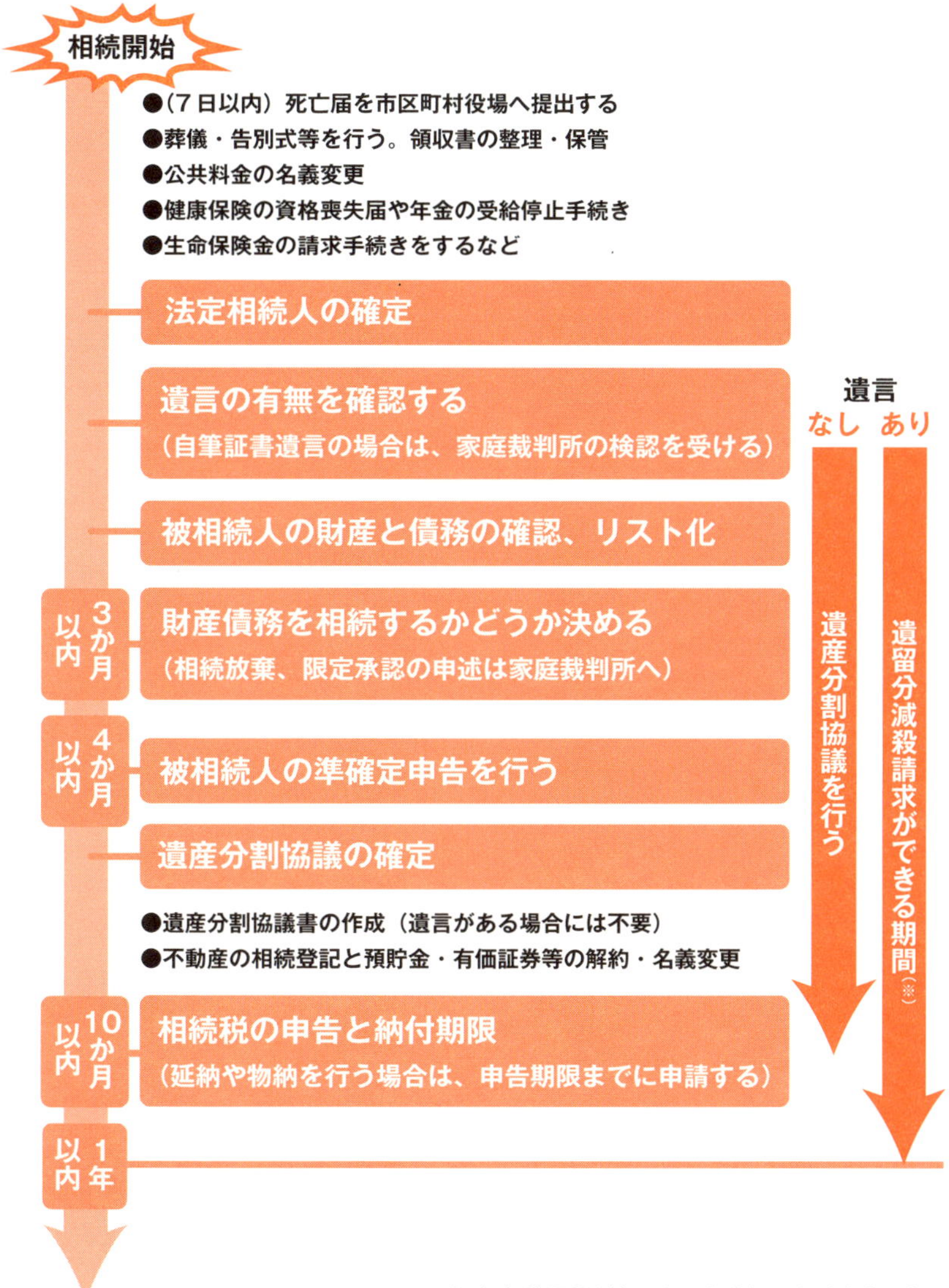

相続開始

- (7日以内) 死亡届を市区町村役場へ提出する
- 葬儀・告別式等を行う。領収書の整理・保管
- 公共料金の名義変更
- 健康保険の資格喪失届や年金の受給停止手続き
- 生命保険金の請求手続きをするなど

法定相続人の確定

遺言の有無を確認する
(自筆証書遺言の場合は、家庭裁判所の検認を受ける)

被相続人の財産と債務の確認、リスト化

3か月以内　財産債務を相続するかどうか決める
(相続放棄、限定承認の申述は家庭裁判所へ)

4か月以内　被相続人の準確定申告を行う

遺産分割協議の確定

- 遺産分割協議書の作成 (遺言がある場合には不要)
- 不動産の相続登記と預貯金・有価証券等の解約・名義変更

10か月以内　相続税の申告と納付期限
(延納や物納を行う場合は、申告期限までに申請する)

1年以内

遺言
なし：遺産分割協議を行う
あり：遺留分減殺請求ができる期間(※)

(※) 相続開始があったことを知った時から1年
または相続開始から10年。

る物事の価値を指しており、性質が異なります。相続税は、統一的な指標により財産の価値が計算されるため、それによって求められた金額は、価格ではなく、価額と表現されます。

相続税の基礎控除

相続税には基礎控除が設けられており、相続財産の総額が「3000万円＋600万円×相続人の数」以下となる場合、相続税はかかりません。ただしこれは、平成27年1月1日以降に発生した相続について適用されるものであり、平成26年12月31日以前に発生した過去の相続については、「5000万円＋1000万円×相続人の数」によって基礎控除が計算されました。

申告期間はたったの10か月！

相続財産の金額が基礎控除額を超える場合、原則として、被相続人が亡くなってから10か月以内に、相続人は相続税の金額を計算し、それを申告書としてまとめて、被相続人の住所地を管轄する税務署に提出しなければなりません。しかも、相続が発生したのが1月や2月など年初の場合、土地評価のポイントとなる「路線価」（詳細については42ページを参照）が7月にならないと発表されないため、ドタバタの中、申告せざるをえません。

愛する家族を亡くされて、悲しみに暮れるのもつかの間、葬儀や四十九日法要、相続の手続き等で、時間は慌ただしく過ぎていきます。

もしこの間に相続税の納税義務があることがわかった場合、信頼のおける税理士を探し出し、その税理士が十分な検証をして、申告書を作成してもらうには、10か月という期間はあまりに短いのかもしれません。

相続税は「孤独な税金」？

相続税の納税対象となる人の割合は、全死亡者の

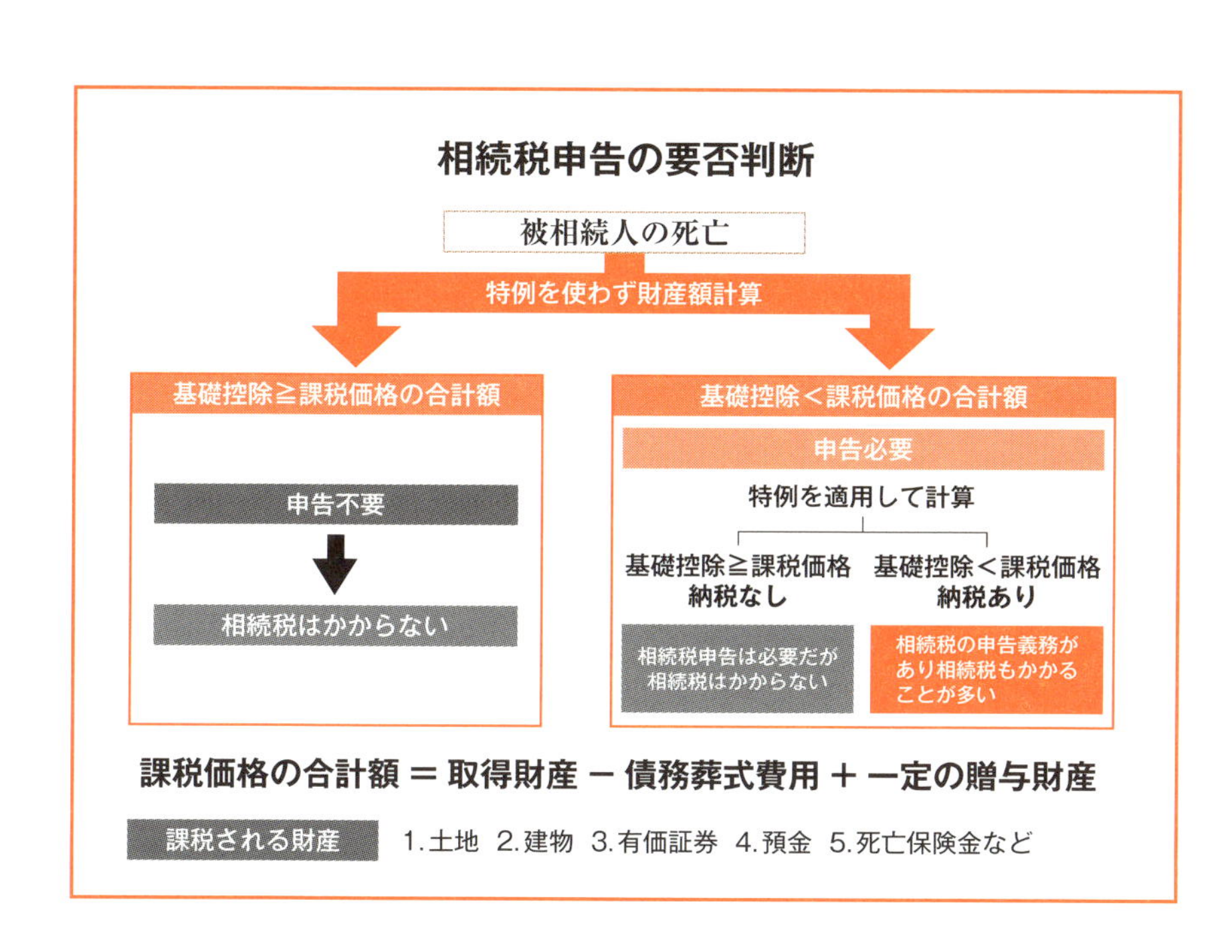

うちの約8・3％（国税庁平成29年統計資料）。実に、日本人のおよそ9割の方には縁がなく、所得税の確定申告のように、必ずしも身近な税金ではありません。

そのうえ、相続税は人の「死亡」を原因として発生する税金であり、身内の死を経験するのは、人生のうちで数えるほどしかないという方がほとんどです。そのため、いざ相続が発生したときに、まわりに相談できる人がおらず、「どのように申告したらいいの？」と慌ててしまう方も少なくありません。

このことから、相続税はときに「孤独な税金」と呼ばれることがあります。

お金持ちに厳しい税金

相続税では超過累進税率が採用されており、取得する財産の評価額が上がると、加速度的に税率が高くなる特徴があります。たとえば取得する財産の金額のうち、6億円を超える部分については、55％もの高い税率が適用されます。実にその金額の半分以上を税金として納めなければなりません。

相続税の納税対象となる人の割合は、全国的に見ればわずかですが、地価の高い東京都区内では16%を超えており、この点、富裕層にとって、相続税は無視できない存在といえます。

相続税は自分で計算しないといけない?

私たちの身近な税金のひとつに、「固定資産税」があります。固定資産税は、土地や建物を保有しているときに課税される税金です。この税金の計算のもとになるのは、相続税と同じく、土地や建物の評価額です。評価額の算定は、自治体の資産税課の職員によって行われるため、基本的には、金額に間違いが生じることはありません。

このように、税金を納めさせる行政みずからが納税額を定め、通知して納税させる制度体系を「賦課(ふか)課税制度」といいます。

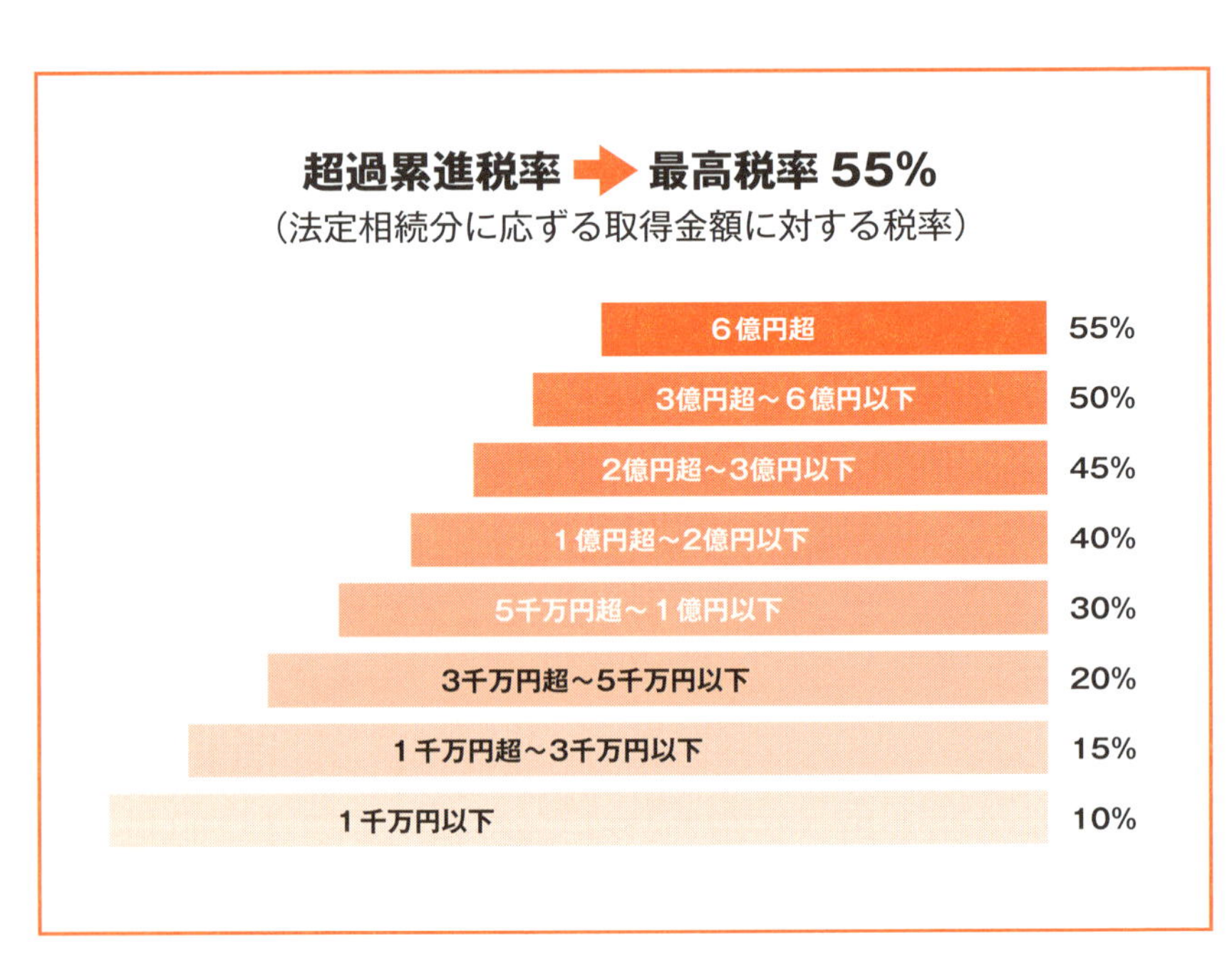

一方、相続税は、取得した財産の金額を、取得者みずからが評価し、それにより税額を導き出して、税金を納めなければいけません。このような制度体系は、「申告納税制度」と呼ばれます。

国税庁は評価基準を示してはいるものの…

相続税は財産を持っている人が亡くなった時点（相続開始時点）の財産の評価額により計算されます。しかし、土地を購入してから何十年も経過していると、相続開始時点のその土地の価値は、土地購入時と比べ、物価や市場の影響を受けて変動していると考えられます。そうなると、その土地の価値を客観的な数値にするのは、簡単なことではありません。

このため、わが国の税金を管轄する国税庁は、「財産評価基本通達」という指針を出し、「財産の価値を計算するときはこのようにしてください」と計算の仕方を示しています。

「ではこの通達を見ながら、自分で申告してみよ

財産評価基本通達は相続税の計算の教科書。でも…

都道府県別相続税納税率（平成29年）

国税局	都道府県	死亡者数	申告被相続人数	課税被相続人数	申告割合	課税割合
国税庁	全国	1,340,397	143,881	111,728	10.73%	8.34%
札幌	北海道	62,417	3,170	2,600	5.08%	4.17%
仙台	青森	17,575	618	510	3.52%	2.90%
	岩手	17,232	806	655	4.68%	3.80%
	宮城	23,876	1,632	1,289	6.84%	5.40%
	秋田	15,425	453	366	2.94%	2.37%
	山形	15,331	725	599	4.73%	3.91%
	福島	24,778	1,498	1,243	6.05%	5.02%
関東信越	茨城	32,260	2,326	1,846	7.21%	5.72%
	栃木	21,829	1,936	1,570	8.87%	7.19%
	群馬	22,585	2,086	1,704	9.24%	7.54%
	埼玉	65,764	8,790	6,706	13.37%	10.20%
	新潟	29,323	2,056	1,707	7.01%	5.82%
	長野	25,665	2,156	1,769	8.40%	6.89%
東京	千葉	59,009	6,689	5,133	11.34%	8.70%
	東京	116,451	26,395	18,811	22.67%	16.15%
	（都区内）	78,278	-	-	0.00%	0.00%
	（多摩区内）	38,173	-	-	0.00%	0.00%
	神奈川	80,352	14,310	10,409	17.81%	12.95%
	山梨	9,678	781	609	8.07%	6.29%
金沢	富山	13,161	1,077	914	8.18%	6.94%
	石川	12,727	1,105	915	8.68%	7.19%
	福井	9,347	811	695	8.68%	7.44%
名古屋	岐阜	22,964	2,211	1,807	9.63%	7.87%
	静岡	41,078	5,125	4,079	12.48%	9.93%
	愛知	67,177	11,839	9,370	17.62%	13.95%
	三重	20,531	1,721	1,438	8.38%	7.00%
大阪	滋賀	13,082	1,181	961	9.03%	7.35%
	京都	26,430	3,349	2,591	12.67%	9.80%
	大阪	87,082	9,621	7,577	11.05%	8.70%
	兵庫	56,584	6,185	4,938	10.93%	8.70%
	奈良	14,486	1,766	1,389	12.19%	9.60%
	和歌山	12,772	1,031	866	8.07%	6.80%

国税局	都道府県	死亡者数	申告被相続人数	課税被相続人数	申告割合	課税割合
広島	鳥取	7,536	427	347	5.67%	4.60%
	島根	9,694	513	414	5.29%	4.27%
	岡山	21,604	1,917	1,581	8.87%	7.32%
	広島	30,795	3,194	2,565	10.37%	8.33%
	山口	18,712	1,368	1,148	7.31%	6.14%
高松	徳島	10,207	838	712	8.21%	6.98%
	香川	11,894	1,150	997	9.67%	8.38%
	愛媛	18,148	1,335	1,095	7.36%	6.03%
	高知	10,150	561	465	5.53%	4.58%
福岡	福岡	52,530	3,769	3,002	7.17%	5.71%
	佐賀	9,974	490	416	4.91%	4.17%
	長崎	17,515	722	593	4.12%	3.39%
熊本	熊本	21,588	1,061	858	4.91%	3.97%
	大分	14,398	747	608	5.19%	4.22%
	宮崎	13,749	600	474	4.36%	3.45%
	鹿児島	21,833	902	711	4.13%	3.26%
沖縄	沖縄	11,945	838	676	7.02%	5.66%

厚生労働省　人口動態総覧，都道府県（21大都市再掲）別、国税庁／各国税局　相続税　税務署別課税状況

う」と思う方もいるかもしれませんが、財産評価基本通達は情報が膨大で、かつ通達にあてはまらない財産の例が、実はたくさんあります。このことから、間違いを起こさずに独力で申告することは、難しいといわざるをえません。

税理士は十人十色

そこで出てくるのが、税務のスペシャリストである「税理士」の存在です。「自分で申告するのが難しいのなら、『税理士』にお願いすれば、きっと正しく申告してくれるはず！」。これまでの文章を読んで、そうお感じになった方も多いことでしょう。しかし、簡単にそうとはいえないのです。

実は、ひとくちに税理士といっても、大きく会計・経理を得意とする税理士と、相続税・贈与税など資産税を得意とする税理士の2つに分けられるのをご存知でしょうか。医師に内科、外科といった専門があるように、税理士にも、得意な分野とそうでない分野があるのです。そして、税理士の多くが会計・経理を得意とする方で、相続税を得意とする方がとても少ないのが実情です。

これは、統計数値からも見て取ることができます。平成29年の年間相続税申告件数は約14・4万件なのに対し、税理士登録者数は約7・7万人となっていて、1年間に税理士一人あたり1～2件程度の案件しか請け負っていないことになります。それほど、相続税申告は、多くの税理士にとっても「まれな」案件なのです。

実際には、相続税が得意な税理士のところに案件が集中する傾向がありますから、会計・経理を得意とする税理士のところには、何年も相続税に関する相談がないということもありえます。

この点、相続税申告は、「相続税を得意とする税理士」にお願いするのが無難といえます。

税理士にもそれぞれ得意分野がある

医者
内科、外科、眼科…等、
「専門」が分かれている

税理士
会計・経理が得意or
相続税・贈与税等資産税が得意

税理士の頭を悩ませる「土地」

相続税で特徴的なのは、相続財産に占める「土地」の割合が高い点です。

そして、財産を評価するうえで一番、難しいとされるのも、実はこの土地です。前述の財産評価基本通達で、土地は、かなりの情報量が割かれているにもかかわらず、個別性が強いために、通達にあてはまらないケースが往々にして出てきます。この点が、税理士の頭をとくに悩ませます。

土地を評価する基本的な流れはこうです。まずその土地が接する道路ごとに定められた、その道路に面する土地の1㎡あたりの金額である「相続税路線価」（以下「路線価」という）を調べます。もし、複数の道路に接する場合には、路線価に適切な加算を行います。次に、たとえば、「形がいびつである」「都市計画道路予定地に引っかかっている」「他人の権利が入り込んでいる」「建築制限がある」といった土地

1年間に
税理士1人あたり
1～2件程度

税理士1人あたりの年間相続税申告件数

1年間の〔相続税申告数〕約14.4万件÷〔税理士登録者数〕約7.7万人≒1.86件

国税庁平成29年度統計資料等より

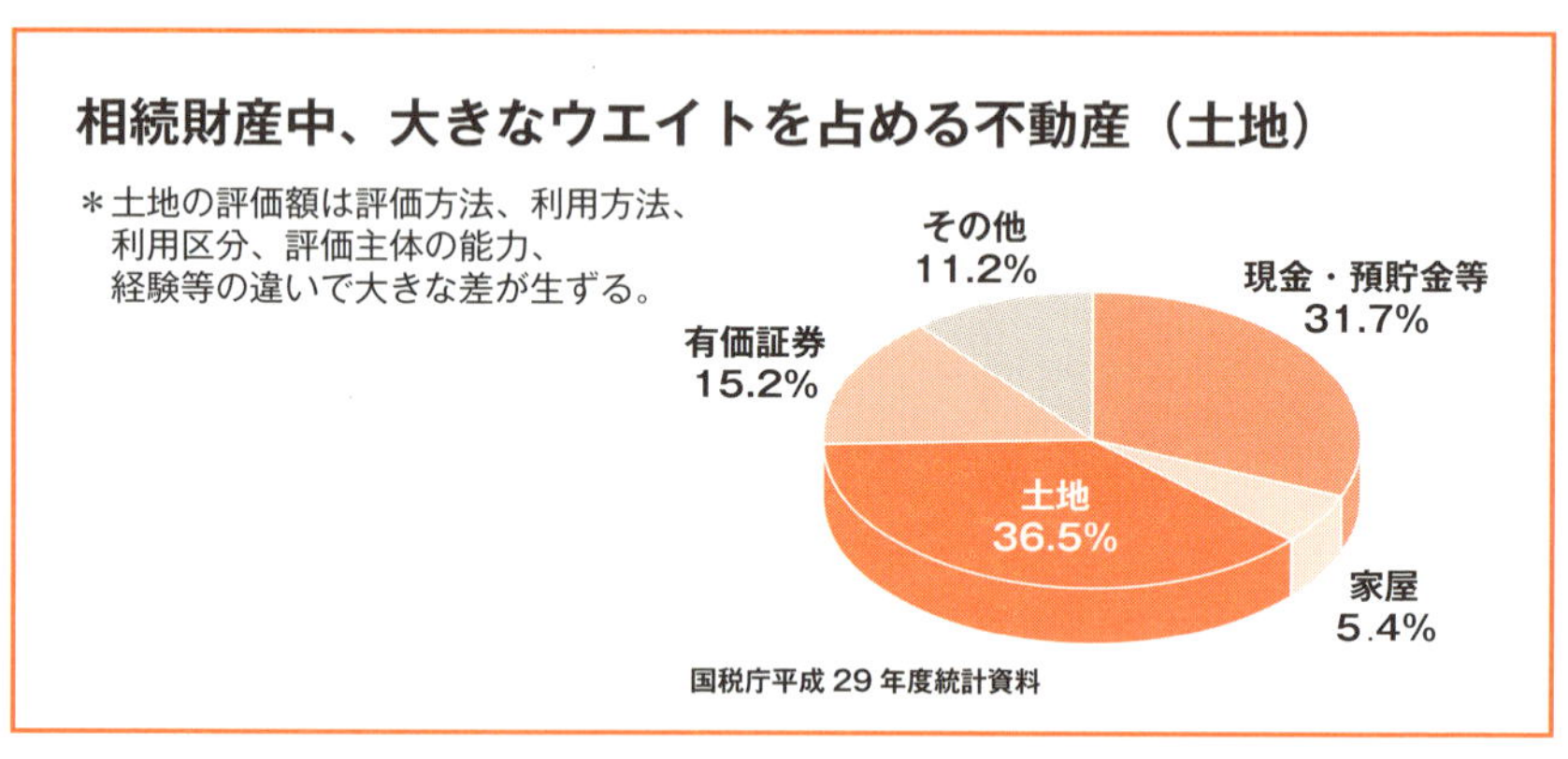

相続財産中、大きなウエイトを占める不動産（土地）
＊土地の評価額は評価方法、利用方法、
利用区分、評価主体の能力、
経験等の違いで大きな差が生ずる。
その他
11.2%
現金・預貯金等
31.7%
有価証券
15.2%
土地
36.5%
家屋
5.4%
国税庁平成29年度統計資料

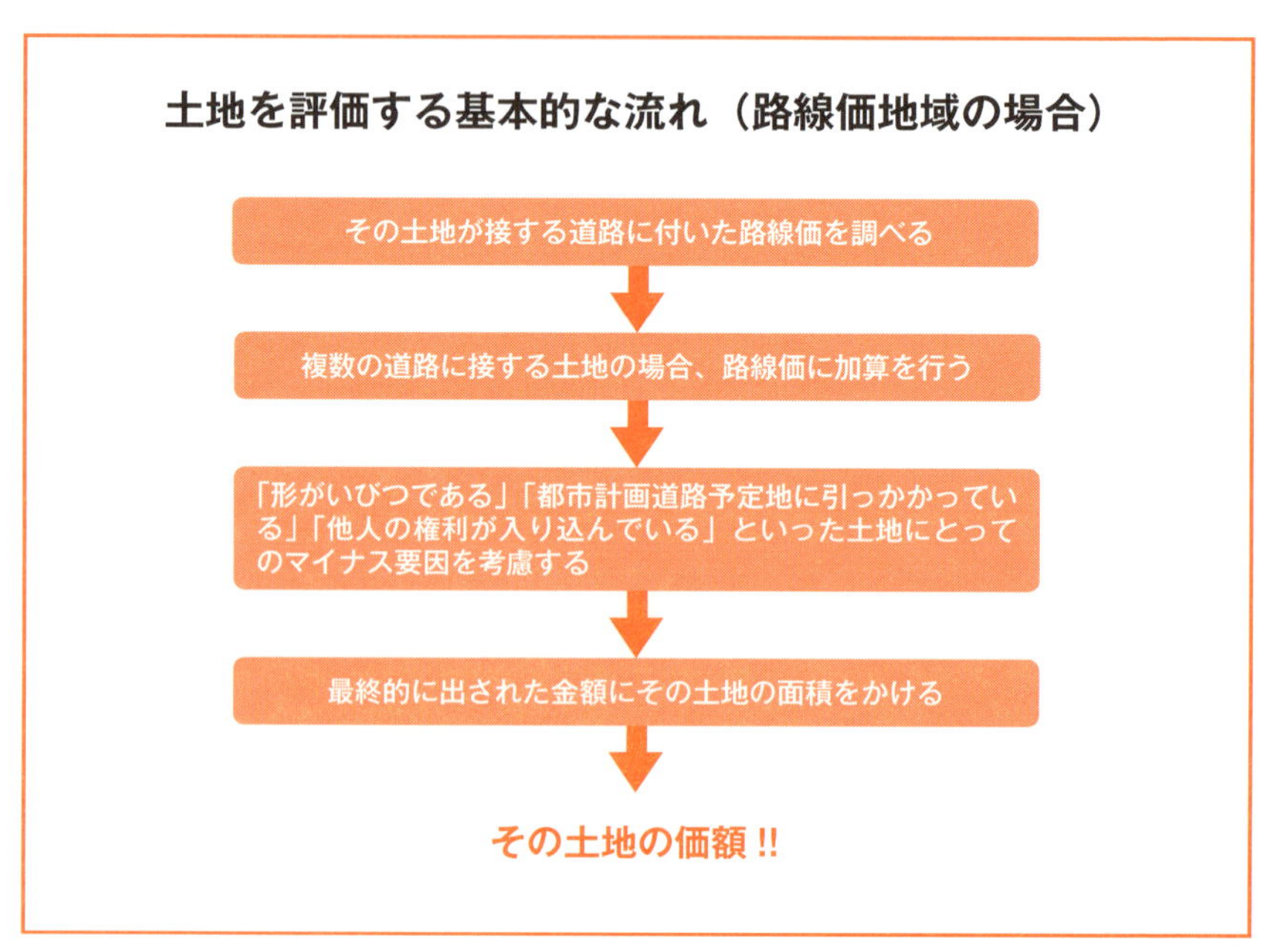

土地を評価する基本的な流れ（路線価地域の場合）
その土地が接する道路に付いた路線価を調べる
複数の道路に接する土地の場合、路線価に加算を行う
「形がいびつである」「都市計画道路予定地に引っかかっている」「他人の権利が入り込んでいる」といった土地にとってのマイナス要因を考慮する
最終的に出された金額にその土地の面積をかける
その土地の価額!!

にとってマイナスとなる要因を考慮して、最終的に出された金額にその土地の面積をかけ、その土地の価額としていくのです。つまり、増額要因や減額要因を見落とすと、土地の価額を正しく算定できない可能性があります。

ところで、税理士試験は非常に難しいのですが、試験科目に不動産に関するものはありません。いい換えれば、税理士は不動産の専門家ではないために、土地の価値を構成するこれらの要素について、くまなく理解しているとは限りません。そのため、増額要因や減額要因が複雑に入り組む個性の強い土地の評価では、とくに税額にブレが生じる恐れがあります。

このことから、財産構成は同じにもかかわらず、担当税理士の不動産に対する理解の程度、相続税申告の経験の多少、選択する評価方法等によって、相続財産の金額、ひいては計算される税額が変わることになります。このことを称して、「10人の税理士に頼むと10通りの評価額・納税額になる」といわれるこ

とがあります。

土地評価は、土地評価のプロにお願いを！

ではこのような中で、「はて、土地評価を適正にしてくれる、頼りになる人はいないものか？」と思う方もいるかもしれません。実は、いるのです。こんなときに頼りにしたいのが、「不動産鑑定士」です。彼らは土地や建物などの不動産について、その地域の不動産の状況などをもとに適正な価値を分析し、それを価額として提示する、不動産評価のスペシャリストです。

不動産に関する法律に精通していることはもちろん、不動産の価値を計算することに特化した専門家ですから、相続不動産の評価においても、実は大きな存在感を発揮してくれます。

ただし、税理士の場合と同じく、不動産鑑定士にも、地価公示、固定資産税評価、不動産の証券化等、それぞれに得意分野があります。相続税申告の土地評価においては、「相続に強い」不動産鑑定士にお願いするのが正解です。

以上の検討に基づくと、相続税を多すぎず少なすぎず適正に納めようとした場合、「相続専門の税理士」と「相続に強い不動産鑑定士」の組み合わせが、もっともよい選択肢といえます。

相続税は、申告後でも戻ってくることが！

前述のように、相続税申告の期間は10か月しかありません。もしかすると、作成された申告書は検証が不十分で、結果として相続税の納め過ぎが起きているかもしれません。

このような、すでに納税してしまっている方に、救済策はないのでしょうか。実をいうと、あるのです。それが、「更正の請求」という制度。本制度では、申告期限から5年以内であれば、申告した内容を適正に見直して税務署に手続きすることで、納め過ぎていた税金を還付してもらうことが可能です。これは、

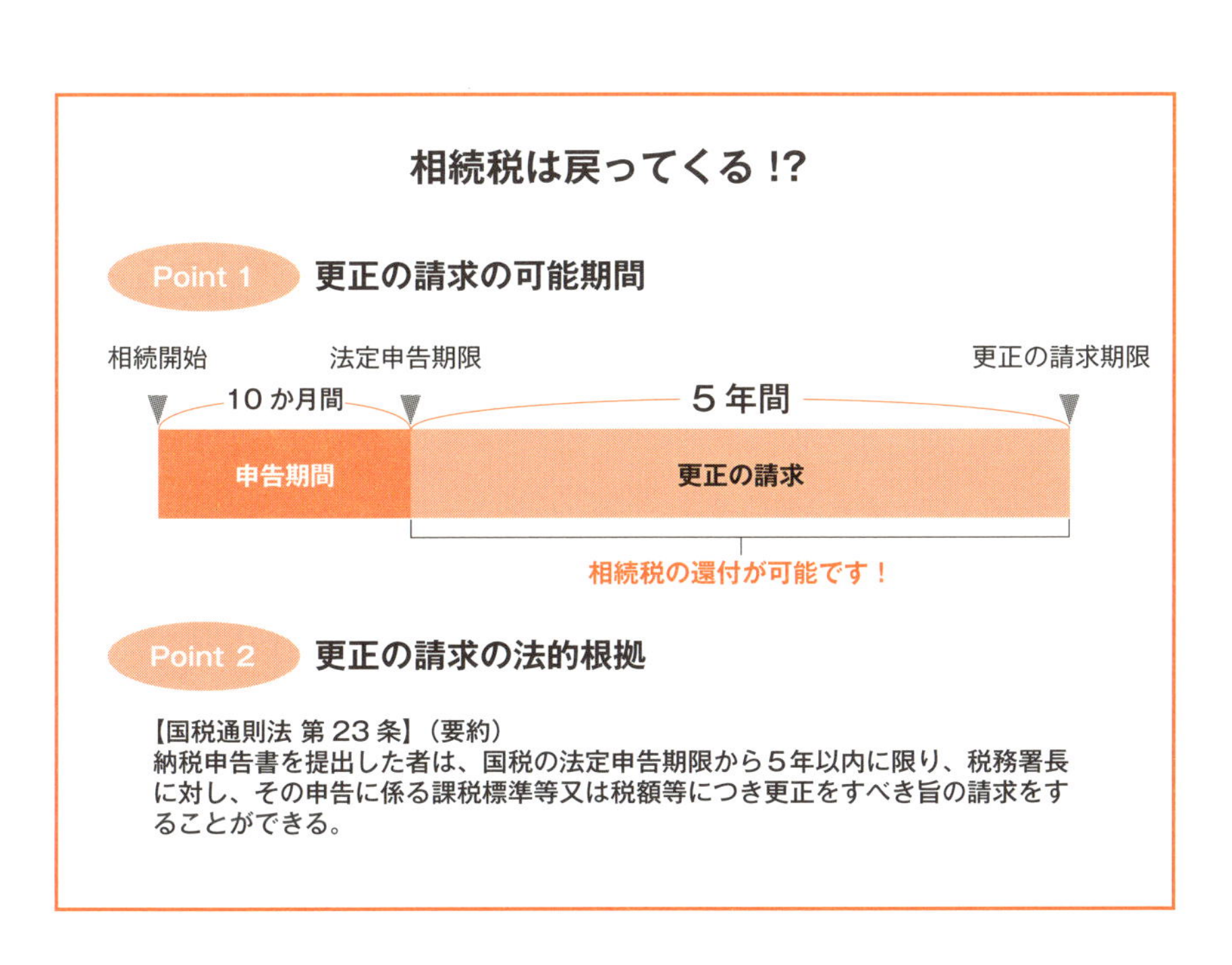

一般には、「相続税還付」の手続きとして知られています。

最近では、「還付」と聞くと「還付金詐欺」など、悪いイメージを連想するかもしれませんが、更正の請求は、国税通則法という法律に規定された、信頼のおける手続きです。

「相続税、もう納めてしまったけど、払い過ぎが気になる！」という方、あきらめることなく、ぜひ一度、相続税還付の手続きを受けてみることをおすすめします。

還付の可能性をチェックしよう！

ここで、次ページの項目を調べてみてください。ひとつでも該当する場合、相続税が還付される可能性があります。

★相続税還付可能性チェックリスト★

・個性の強い土地がある。

・不動産鑑定士による鑑定、土地家屋調査士による測量等、多面的な検討をしていない。

・担当税理士の相続税申告件数が年に１～２件と少ない。

・相続税申告書が手書きである。

・相続税申告報酬が相場よりかなり安かった。

・担当税理士があまり不動産に詳しくない。

・土地の計算方法について説明を受けていない。

・土地の詳細な現地調査や役所調査をしていない。

・申告書に公図、路線価図、住宅地図等の付属書類が付いていない。

相続税還付Q&A

相続税還付は法定された制度ではありますが、必ずしも知名度が高いとはいえません。「相続税還付、興味はあるけど、大丈夫？」と不安を抱いた方向けに、相続税還付業務を請け負うフジ総合グループによく寄せられるご質問を、整理してみました。

Q.1

そんなことをすると当初の申告をした税理士に申し訳ない。

A.1

「ほかの税理士に自分が依頼した税理士の間違い探しをお願いするようなもの」

納税者の方に相続税還付のお話をすると、みなさんこのように感じられるようです。「こちらから依頼しておいて、あとであら探しをするのは…」と、後ろめたさを感じる方もいます。

しかし、この手続きは税理士の「間違い探し」ではありません。もちろん必要があれば税務上の見直しも行いますが、それが主な目的ではありません。重要なのは「不動産鑑定士という専門家の視点から土地評価の見直しを行う」という点です。

本書で述べてきたように、税理士の専門分野とはやや外れる、複雑で個性の強い土地評価の部分を、不動産評価の専門家である不動産鑑定士の視点から再評価しようということですから、最初に依頼された税理士に迷惑をかけることはありません。

税理士は、納税者の権利を守り、かつ適正な納税を実現することを目的とする職業です。その税理士が、正規の手続きによって税金が戻ってくることについて、悪い感情を抱くことはないはずです。

納税者が相続税還付の手続きを依頼することは、決して当初に依頼した税理士に対して後ろめたいことではありません。

税務署からにらまれるのでは…？

たしかに税務署は、国民から税金をきちんと徴収することに厳しく目を光らせています。

しかし、それはあくまでも国民に対して「税法にのっとった納税義務をきちんと果たさせる」ことを目的としているのであって、決められた以上の税金を取ることではありません。

相続税の納税額は、資産家や複数の不動産を所有する地主・家主の方々などにとっては、高額になりがちです。その上、10か月という短い期間に、故人の全財産を評価しなければならないので、申告漏れや、納め過ぎが生じる可能性は十分、考えられます。

申告期限後の5年間にわたって修正申告や更正の請求（還付の手続き）が受け付けられるように法律で定められているのは、税務署側から更正（増額更正・減額更正）ができる期間も5年間と定められていることから、課税する側と納税する側とのバランスに配慮した措置であると考えられます。

その正式な手続きにより申請された更正の請求に対しては、税務署も公平な立場で検討し処理してくれます。

毎年、確定申告で所得税や法人税を納めている方の中には、「相続税で税務署ともめることで、所得税・法人税のほうで『仕返し』されるのではないか…」とマイナスイメージを持たれる人もいるかも知れません。しかしそれは、思い過ごしです。

そもそも税務署は資産課税部門と個人課税部門、法人課税部門がまったく別の部署となっており、担当者も異なります。

むしろ、「課税の公平」や「適正な納税額の実現」といった原則を税務署側も重視しますので、更正の請求があった場合、きわめて事務的に審査・処理してくれます。

Q.3 **他の相続人との関係が気になる。**

A.3 相続が「争族」の原因になってしまうことは、少なからずあります。

「相続税の還付請求の手続きを進めてもいいけど、遺産分割でもめた経緯があるから、あらためて全員のハンコをもらうのはちょっと…」と尻込みする方もいます。

しかし、これは納め過ぎていた相続税の還付を求める手続きであり、新たに税負担が生じる話ではありません。できれば、相続人全員の連名で書類を提出するのが理想です。

それでも「関係が完全に決裂してしまっている」という場合、相続人のうちの一人だけでも、もしくは反対する人を除いたかたちでも手続きは可能です。

Q.4 **延納している場合はどうなるの？**

A.4 現金一括納付が困難な場合に、最長20年間の分割納付をすることができます。これが「延納制度」です。

相続税を延納しているときに、相続税の減額が認められた場合には、還付金はその残金の支払い（本税）に充てられる、というのが原則です。利子税の負担も相当に軽減されるので、節税効果は現金還付の場合より大きくなります。

たとえば本税が１０００万円減額された場合、利子税も含めると実質１４００万円ほどの節税効果となることもあります。むしろ、現金一括納付した方よりも延納している方のほうが税負担が軽減されるので、よけいに喜ばれることがあります。

Q.5 **物納している場合はどうなるの？**

A.5 相続税は現金一括納付が原則です。しかし、それが困難な場合には、土地等の

「物」で納めることも可能です。

物納が認められ収納決定されたあとであれば、差額の還付金は現金で支払われます。

Q.6

手続きに必要な書類は？

A.6

「すでに納めた相続税の還付手続き」とお話しすると、相続税申告時のご苦労を思い出されるのでしょうか、「これからまたいろいろな書類が必要になって、あちこちへ行って手続きをしたり、書類を集めたりしなければならない…」と、ちょっと面倒な印象を持たれることがあります。

しかし、この手続きで新たに必要となる書類はありません。ご用意いただくのは「相続税申告書」の控えだけです。ただし、申告後に修正申告をしている場合には、「修正申告書」の控えも必要となります。

Q.7

還付された税金は所得になるの？

A.7

還付金は、あくまで税金です。戻ってきた税金は「所得」とはなりませんので、当然、所得税もかかりません。

Q.8

当初から鑑定士にも入ってもらったから大丈夫なのでは？

A.8

最近、不動産鑑定士の鑑定評価付きの申告書も増えてきています。たしかに、不動産鑑定士がしっかりと鑑定して出された評価額であれば、その土地の価額をそれ以上下げることは期待できそうにありません。しかし、コスト的に考えて、すべての土地について鑑定評価を依頼するケースはまれです。

鑑定評価を入れていない土地の評価については、見直しをしてみる価値は十分にあります。

Q.9 ほとんど売却してしまい、大した土地は残っていない。

A.9 相続税は、相続開始時点（被相続人が亡くなった時点）で被相続人が所有していた財産に対してかかる税金です。たとえ相続したあとで土地を売却したり、賃貸に出したり、分筆したりした場合などでも、相続開始時点での土地の評価額に減額が認められれば相続税は戻ってきます。私たちも相続開始時点にさかのぼって再評価を行うことになります。

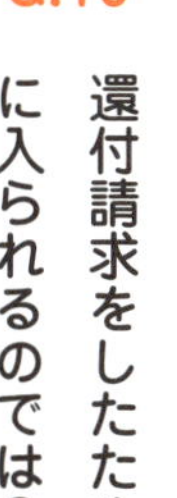

Q.10 還付請求をしたために相続税の税務調査に入られるのでは？

A.10 税務調査は、申告・納税のあと、おおむね3年以内に入るといわれています。相続税の税務調査が入る確率は3割前後とされます。

相続税の税務調査の対象の多くは申告漏れとなっている金融資産です。不動産については隠しようがないため、対象とならないことが少なくありません。したがって、遠隔地預金や隠し預金、名義預金等がなく、適正にきちんと申告されているのであれば、とりたてて心配する必要はありません。

Q.11 すでに税務調査が入り、修正申告しているが…

A.11 税務調査が入ったということは、一般的には「もうこれ以上、相続税額が増えることはない」ということを意味します。しかしそれは、必ずしも「適正な相続税評価額」が確定したというわけではありません。

税務調査は、相続人の申告漏れを調べる目的で行われるもので、たとえば土地評価を見直して減額を検討するというようなことまでは、原則として行いません。相続税をキチンと納めているかを調べるだけで、「納め過ぎ」を調査しているわけではないのです。

つまり、納め過ぎた税金を戻してもらいたい場合、納税者側からアクションを起こして税務署に更正の請求をしない限り、その分は戻ってきません。

たとえ税務調査がすでに入っていたとしても、土地評価の見直しを行って正式な手続きを踏めば、払い過ぎた相続税が戻ってくる可能性はあります。

Q.12 ほとんどの土地について納税猶予を受けている。

A.12 「納税猶予」は、農地・山林等について一定の条件を満たすことにより、納税を免除されたり、納付期限を延ばしてもらえたりする制度です。

納税猶予を受けている場合には、その土地については大部分、相続税を納めていないため、納税猶予の対象となる土地について評価額を下げたとしても、還付は行われません（猶予税額の負担は軽くなります）。しかし、納税猶予を受けていない土地について、土地評価の減額が認められれば、相続税が戻ってくることになります。

自宅敷地や駐車場など、納税猶予を受けていない土地が少しでもあるのなら、見直してみる価値はあるといえます。

Q.13 納税者のうち何割ぐらいの人が相続税還付を受けているの？

A.13 当グループの統計では、ご相談いただいた方のうち、7割前後が多かれ少なかれ相続税の減額・還付の可能性が出ています。

Q.14 納税額のだいたい何％ぐらいが戻ってくるの？

A.14 戻ってくる金額・割合は人それぞれ、さまざまなケースがありますので一概にはいえません。納税したお金が全額、戻ってきた方もいれば、半分程度が戻ってきた方、戻ってきたのがわずか数%という方もいます。

当グループが還付手続きをお手伝いした過去の案件からいえば、納税額の20%程度が戻ってくる方が最も多いようです。

依頼した税理士が完璧にやっているから、還付なんてありえない。

ご相談いただいた方の多くが、最初はそのようにいいます。しかし、前述した通り、約7割の方に相続税の減額・還付の可能性があるのが実情です。

もし、概算査定を受けて、あなたが還付の対象とならない3割の方に該当するのでしたら、依頼した税理士がきちんと申告業務を行っていたことの証明となります。また、もし、あなたが還付の対象となる7割の方に該当したのであれば、納め過ぎた相続税が戻ってくるのですから、本当に喜んでいただける手続きとなるのです。

相続税もセカンドオピニオンの時代です。実際に相続税還付の手続きまで行うかどうかは別として、もし相続税を納めて5年以内なのであれば、還付の可能性について診断を受けてみてはいかがでしょうか。

ご相談の結果、予想以上の金額が戻ってくるかもしれません。

還付手続きの流れ

還付可能性の概算査定

↓

還付可能性あり（ご契約）

↓

現地調査・役所調査・書類作成等

↓

税務署への書類提出

↓

税務署の検討期間（原則３か月程度）

↓

更正通知書送達

↓

還付金の振込（更正通知書送達から約１か月後）

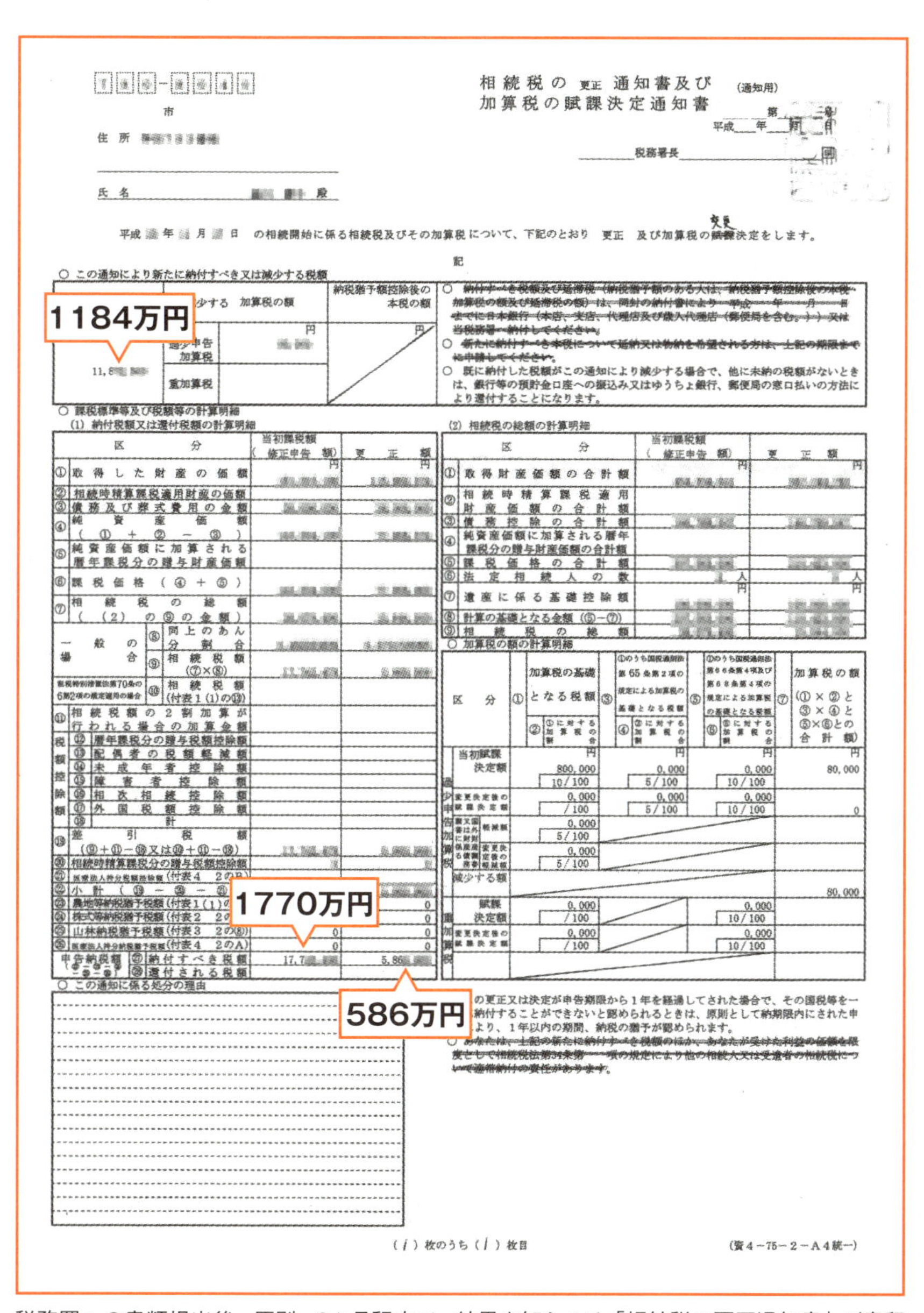

市

住 所

氏 名　　　　　　殿

相続税の 更正 通知書及び
加算税の賦課決定通知書　(通知用)

第　　号
平成　年　月　日

税務署長　　　　　印

平成　年　月　日 の相続開始に係る相続税及びその加算税について、下記のとおり 更正 及び加算税の ~~賦課~~ 変更 決定をします。

記

○ この通知により新たに納付すべき又は減少する税額

減少する 本税の額	減少する 加算税の額		納税猶予額控除後の本税の額
11,8	過少申告加算税	円	円
	重加算税		

○ ~~納付すべき税額及び延滞税（納税猶予額のある人は、納税猶予額控除後の本税・加算税の額及び延滞税の額）は、同封の納付書により 平成 年 月 日までに日本銀行（本店、支店、代理店及び歳入代理店（郵便局を含む。））又は当税務署へ納付してください。~~

○ ~~新たに納付すべき本税について延納又は物納を希望される方は、上記の期限までに申請してください。~~

○ 既に納付した税額がこの通知により減少する場合で、他に未納の税額がないときは、銀行等の預貯金口座への振込み又はゆうちょ銀行、郵便局の窓口払いの方法により還付することになります。

○ 課税標準等及び税額等の計算明細

(1) 納付税額又は還付税額の計算明細

区分	当初課税額（修正申告額）	更正額
① 取得した財産の価額	円	円
② 相続時精算課税適用財産の価額		
③ 債務及び葬式費用の金額		
④ 純資産価額（①＋②－③）		
⑤ 純資産価額に加算される暦年課税分の贈与財産価額		
⑥ 課税価格（④＋⑤）		
⑦ 相続税の総額（（2）の⑨の金額）		
一般の場合 ⑧ 同上のあん分割合		
一般の場合 ⑨ 相続税額（⑦×⑧）		
租税特別措置法第70条の6第2項の規定適用の場合 ⑩ 相続税額（付表1(1)の⑬）		
⑪ 相続税額の2割加算が行われる場合の加算金額		
税額控除額 ⑫ 暦年課税分の贈与税額控除額		
税額控除額 ⑬ 配偶者の税額軽減額		
税額控除額 ⑭ 未成年者控除額		
税額控除額 ⑮ 障害者控除額		
税額控除額 ⑯ 相次相続控除額		
税額控除額 ⑰ 外国税額控除額		
税額控除額 ⑱ 計		
⑲ 差引税額（⑨＋⑪－⑱又は⑩＋⑪－⑱）		
⑳ 相続時精算課税分の贈与税額控除額		
㉑ 医療法人持分税額控除額（付表4 2のB）		
㉒ 小計（⑲－⑳－㉑）		
㉓ 農地等納税猶予税額（付表1(1)の⑬）		0
㉔ 株式等納税猶予税額（付表2 2の⑧）		0
㉕ 山林納税猶予税額（付表3 2の⑧）	0	0
㉖ 医療法人持分納税猶予税額（付表4 2のA）	0	0
申告納税額（㉒－㉓－㉔－㉕－㉖） ㉗ 納付すべき税額	17,7	5,86
申告納税額 ㉘ 還付される税額		

(2) 相続税の総額の計算明細

区分	当初課税額（修正申告額）	更正額
① 取得財産価額の合計額	円	円
② 相続時精算課税適用財産価額の合計額		
③ 債務控除の合計額		
④ 純資産価額に加算される暦年課税分の贈与財産価額の合計額		
⑤ 課税価格の合計額		
⑥ 法定相続人の数	人	人
⑦ 遺産に係る基礎控除額	円	円
⑧ 計算の基礎となる金額（⑤－⑦）		
⑨ 相続税の総額		

○ 加算税の額の計算明細

区分	① 加算税の基礎となる税額 / ② ①に対する加算税の割合	③ ①のうち国税通則法第65条第2項の規定による加算税の基礎となる税額 / ④ ③に対する加算税の割合	⑤ ①のうち国税通則法第65条第4項及び第68条第4項の規定による加算税の基礎となる税額 / ⑥ ⑤に対する加算税の割合	⑦ 加算税の額（①×②と③×④と⑤×⑥との合計額）
過少申告加算税 当初賦課決定額	円 800,000 / 10/100	円 0,000 / 5/100	円 0,000 / 10/100	円 80,000
過少申告加算税 変更決定後の賦課決定額	0,000 / /100	0,000 / 5/100	0,000 / 10/100	0
過少申告加算税 重又は外に財係る債務 軽減額	0,000 / 5/100			
過少申告加算税 変更決定後の軽減額	0,000 / 5/100			
過少申告加算税 減少する額				80,000
重加算税 賦課決定額	0,000 / /100		0,000 / 10/100	
重加算税 変更決定後の賦課決定額	0,000 / /100		0,000 / 10/100	
重加算税				

○ この通知に係る処分の理由

○ この更正又は決定が申告期限から1年を経過してされた場合で、その国税等を一時に納付することができないと認められるときは、原則として納期限内にされた申請により、1年以内の期間、納税の猶予が認められます。

○ ~~あなたは、上記の新たに納付すべき税額のほか、あなたが受けた利益の価額を限度として相続税法第34条第　項の規定により他の相続人又は受遺者の相続税について連帯納付の責任があります。~~

（1）枚のうち（1）枚目　　（資4－75－2－A4統一）

税務署への書類提出後、原則、3か月程度で、結果を知らせる「相続税の更正通知書」が書留で送られてきます。この方の場合、納付すべき税額が1770万円から586万円に改められ、結果として納め過ぎた1184万円分が戻ってきました。

[illegible]区

住所 [illegible]

氏名 [illegible] 殿

相続税の 更正 通知書及び 加算税の賦課決定通知書

(通知用)

第　　号

平成[illegible]年[illegible]月[illegible]日

税務署長 [illegible]

平成[illegible]年[illegible]月[illegible]日 の相続開始に係る相続税及びその加算税について、下記のとおり 更正 及び加算税の賦課決定をします。

記

○ この通知により新たに納付すべき又は減少する税額

2億7000万円

本税の額	加算税の区分	加算税の額	納税猶予額控除後の本税の額
円		円	円
27[illegible]	過少申告加算税	[illegible]	
	重加算税		

○ [illegible]

○ [illegible]

○ 既に納付した税額がこの通知により減少する場合で、他に未納の税額がないときは、銀行等の預貯金口座への振込み又はゆうちょ銀行、郵便局の窓口払いの方法により還付することになります。

○ 課税標準等及び税額等の計算明細

(1) 納付税額又は還付税額の計算明細

区分		当初課税額(修正申告額)	更正額
①	取得した財産の価額	[illegible]円	[illegible]円
②	相続時精算課税適用財産の価額		
③	債務及び葬式費用の金額	[illegible]	[illegible]
④	純資産価額(①+②−③)	[illegible]	[illegible]
⑤	純資産価額に加算される暦年課税分の贈与財産価額		
⑥	課税価格(④+⑤)	[illegible]	[illegible]
⑦	相続税の総額((2)の⑨の金額)	[illegible]	[illegible]
一般の場合 ⑧	同上のあん分割合	[illegible]	[illegible]
一般の場合 ⑨	相続税額(⑦×⑧)	[illegible]	[illegible]
租税特別措置法第70条の6第2項の規定適用の場合 ⑩	相続税額(付表1(1)の⑫)		
⑪	相続税額の2割加算が行われる場合の加算金額		
税額控除額 ⑫	暦年課税分の贈与税額控除額		
税額控除額 ⑬	配偶者の税額軽減額		
税額控除額 ⑭	未成年者控除額		
税額控除額 ⑮	障害者控除額		
税額控除額 ⑯	相次相続控除額	[illegible]	[illegible]
税額控除額 ⑰	外国税額控除額		
税額控除額 ⑱	計	[illegible]	[illegible]
⑲	差引税額(⑨+⑪−⑱又は⑩+⑪−⑱)	[illegible]	[illegible]
⑳	相続時精算課税分の贈与税額控除額	[illegible]	[illegible]
㉑	医療法人持分税額控除額(付表4 2のB)		
㉒	小計(⑲−⑳−㉑)		[illegible]
㉓	農地等納税猶予税額(付表1(1)の[illegible])		
㉔	株式等納税猶予税額(付表2 2の[illegible])		
㉕	山林納税猶予税額(付表3 2の[illegible])		
㉖	医療法人持分納税猶予税額(付表4 2のA)		
申告納税額 ㉗	納付すべき税額	1,70[illegible]	1,43[illegible]
申告納税額 ㉘	還付される税額		

17億円

14億3000万円

(2) 相続税の総額の計算明細

区分		当初課税額(修正申告額)	更正額
①	取得財産価額の合計額	[illegible]円	[illegible]円
②	相続時精算課税適用財産価額の合計額		
③	債務控除の合計額	[illegible]	[illegible]
④	純資産価額に加算される暦年課税分の贈与財産価額の合計額		
⑤	課税価格の合計額	[illegible]	[illegible]
⑥	法定相続人の数	[illegible]人	[illegible]人
⑦	遺産に係る基礎控除額	[illegible]円	[illegible]円
⑧	計算の基礎となる金額(⑤−⑦)	[illegible]	[illegible]
⑨	相続税の総額	[illegible]	[illegible]

○ 加算税の額の計算明細

区分		① 加算税の基礎となる税額 / ② ①に対する加算税の割合	③ ①のうち国税通則法第65条第2項の規定による加算税の基礎となる税額 / ④ ③に対する加算税の割合	⑤ ①のうち国税通則法第66条第4項及び第6条第4項の規定による加算税の基礎となる税額 / ⑥ ⑤に対する加算税の割合	⑦ 加算税の額(①×②と③×④と⑤×⑥との合計額)
過少申告加算税	当初賦課決定額	2,590,000円 10/100	0,000円 5/100	0,000円 10/100	259,000円
過少申告加算税	変更決定後の賦課決定額	0,000 /100	0,000 5/100	0,000 10/100	0
過少申告加算税	調査通知前に更正を予知しない修正申告等に係る軽減額	0,000 5/100			
過少申告加算税	変更決定後の軽減額	0,000 5/100			
過少申告加算税	減少する額				259,000
重加算税	賦課決定額	0,000 /100		0,000 10/100	
重加算税	変更決定後の賦課決定額	0,000 /100		0,000 10/100	
重加算税					

○ この通知に係る処分の理由

平成30年2月2日提出の更正の請求に[illegible]

[illegible]

○ [illegible]、上記の[illegible]納付すべき税額のほか、あなたが受けた利益の価額を限度として相続税法第34条第1項の規定により他の相続人又は受遺者の相続税について連帯納付の責任があります。

(1)葉のうち(1)葉目　　(資4−75−2　A4統一)

東京都内の方です。17億円もの相続税を納税していましたが、土地評価を見直すと税額は14億3000万円になりました。これも認められ、納め過ぎた2億7000万円が還付されました。

国税還付金振込通知書

支払年度	国税の年度	発生年月日
29	24. 4.	29. 8.
整理番号		発生事由
0	支払科目	更正（請求）
明細票番号	相続税	
0		

振込先金融機関名	銀行 支店
預金種別	普通預金
口座番号	
手続開始年月日	

（注）入金まで、金融機関…場合があります。

取扱庁名	税務署
支払金額	¥13■■■00 円
内還付加算金	1■■■0 円

1 金融機関名等に誤りがある場合は、税務署に連絡してください。なお、口座番号の下3けたを「＊」で表示しています。
2 還付加算金は「雑収入（雑所得）」として課税対象となります。

宛名をご確認のうえ、ここからゆっくりとはがしてご覧ください。

郵便はがき

親展

料金後納郵便

様（御中）

差出人

〒

TEL

国税資金支払命令官

税務署長

（記号番号）

税務署長の氏名の記載及び署長印の押なつは省略しております。

1300万円

相続税の更正通知書が届いてから約1か月後に、「国税還付金振込通知書」というハガキが届きます。納税者が指定した口座に還付金（この場合は1300万円）を振り込む旨の通知です。このハガキが着いてから2、3日後には、還付金が口座に振り込まれます。

支払年度	国税の年度	発生年月日
29	27.11.	29. 7.
整理番号		発生事由
0	支払科目	更正（請求）
明細票番号	相続税	
0		

振込先金融機関名	支店
預金種別	普通預金
口座番号	***
手続開始…	
(注) 入金ま…	…する場合があります。
取扱庁名	税務署
支払金額	¥14■■■■■■■■円
内還付加算金	ー円

1億4000万円

1 金融機関名等に誤りがある場合は、税務署に連絡してください。
なお、口座番号の下3けたを「*」で表示しています。
2 還付加算金は「雑収入(雑所得)」として課税対象となります。

親展

料金後納郵便

-00

ー

様(御中)

差出人 区 ー

(〒 ー TEL ー ー

国税資金支払命令官

税務署長

(記号番号)

税務署長の氏名の記載及び署長印の押なつは省略してあります。

こちらの方の場合、1億4000万円もの金額が還付金として振り込まれました。すごいですね！

PART 2

こんな土地で、相続税は安くなる！

どんな土地が安くなりやすいの？

相続税を計算するうえで
「土地評価を適正に行う」のが重要なことを、これまで書いてきました。
さてここからは、具体的に、
どのような土地で評価額が下がりやすいのか、
それにより、どれほど相続税が安くなるのかを見ていきたいと思います。
みなさんの相続した土地の中にも、
これに当てはまるものがあるかもしれません。
ぜひチェックしてみてください。
（相続税の税率は、一律30％で計算しています）

路線価って？

土地評価 基本のキ

具体的な土地の減額例を紹介する前に、相続税土地評価の基本である、「路線価」についてお伝えします。路線価とは、宅地の価額がおおむね同じと考えられる、ひと続きの宅地が面している道路ごとに定められた、その道路に面する標準的な宅地1㎡あたりの価額をいい、相続税で主に市街化区域内にある土地を評価するときは、これをもとにします（主に市街化調整区域内および都市計画区域外にある土地を評価するときは、122ページの倍率評価を用います）。路線価は、国税庁のホームページに掲示されている「路線価図」から、確認することができます。

土地は、基本的に、それが接する道路に付けられた路線価に各種補正を行って、その土地の面積をかけ、その土地の価額とします。

このような計算が行われるのは、土地の価格は立地に影響を受け、とくに道路の存在が価格形成の大きな要因となっているためです。たとえば、同じ商業地域内にある、似たような形状の土地であっても、表通りにある土地と、裏通りにある土地では、顧客の通行量、視認性、出入りの利便性等、収益性の違いから、前者の方が価格が高くなります。このような理由から、同じ道路に接する土地は、その道路から得られる効用も同じであるとして、道路ごとに価格が設定されています。

路線価は、毎年1月1日時点の価格が、7月に国税庁から公表されます。

土地評価は路線価がキホン！

地区区分
道路周辺の土地利用の形態を明示したもの

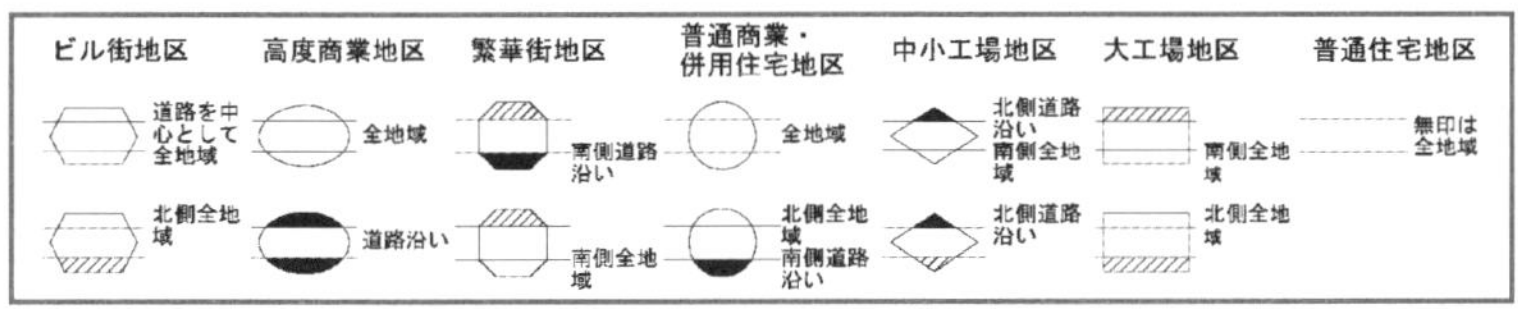

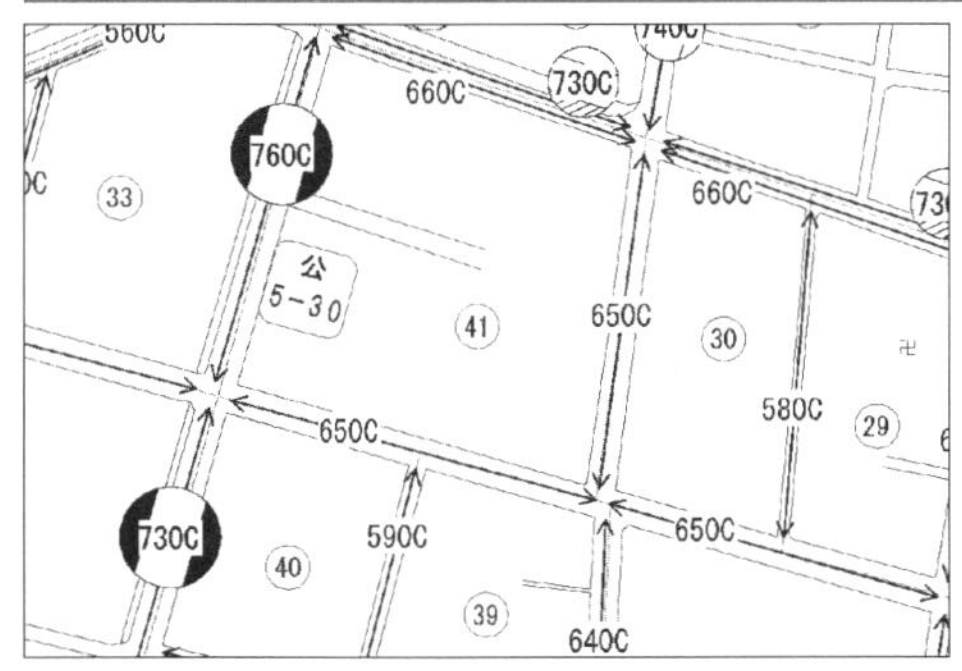

借地権割合
借地権や底地の計算のときに参照する

記号	借地権割合	記号	借地権割合
A	90%	E	50%
B	80%	F	40%
C	70%	G	30%
D	60%		

©2019 ZENRIN CO., LTD.（Z19LC 第 268 号）

こんな土地の価額は……

路線価は千円単位で表示される。
この道路の路線価は 42 万円 /㎡。
隣りの「C」は借地権の計算で使われる借地権割合の区分を表す。
この場合の借地権割合は 70%。

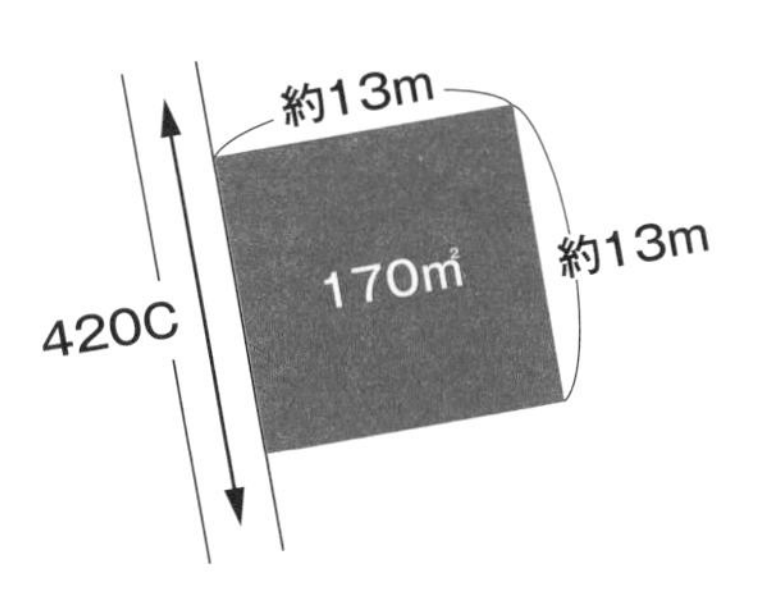

（路線価）　（土地の面積）
420,000 円×170㎡＝ 71,400,000 円

土地についている4つの価格

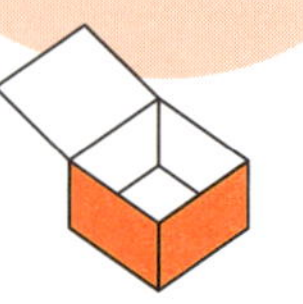

土地には、その目的に応じて、実は、4つないし5つの価格がついています。これを、一物四価（もしくは五価）といいます。

具体的には、「実勢価格」「公示地価」「固定資産税評価額」「相続税評価額」をいいます。一物五価という場合には、これに「基準地標準価格（都道府県地価調査価格）」を加えます。

「実勢価格」は、いわゆる時価のことであり、土地売買で、買いたい人と売りたい人が合意して成立する価格をいいます。なお、不動産広告に掲載されている販売価格は、高すぎれば売れない場合もあるため、そのまま実勢価格になるとは限りません。

「公示地価」は、一般の土地売買取引の指標となるものです。全国に約2・3万か所ある地点の毎年1月1日時点の更地としての価格を調べ、3月下旬頃に、国土交通省より公表されます。

「基準地標準価格」は、公示地価と同じく一般の土地売買取引の指標となるもので、公示地価が1月1日時点の価格であるのに対し、7月1日時点の価格となります。公表元は都道府県であり、発表されるのは、毎年9月下旬頃です。1年の間に地価に変動があったとしても、公示地価と基準地標準価格を比べることで、ある程度、その動きをつかむことが可能です。

「固定資産税評価額」は、土地や建物などの1月1日時点の価格で、固定資産税や不動産取得税、登録免許税といった税金の計算基礎となるものです。評価額が改められるのは3年に1回ですが、3年の間に大きな変動があった場合、修正が加えられる場合があります。固定資産税評価額は、公示地価のおおよそ70%程度に設定されています。

毎年、土地や建物の固定資産税を支払っている方は、市町村から届く納税通知書で、評価額を確認することができます。

そして、最後が前項で説明した「相続税評価額（路線価）」です。相続税評価額は、公示地価の80%を目安に決定されます。

土地の価格は実はいろいろ

	実勢価格	公的価格			
		公示地価	基準地標準価格	固定資産税評価額	相続税評価額（路線価）
所轄官庁	—	国土交通省	都道府県	市町村	国税庁
目的	売買取引	売買取引の指標	売買取引の指標公示価格の不足地点を補完	固定資産税、不動産取得税等の算定	相続税、贈与税の算定
評価時点	—	1月1日	7月1日	1月1日 ※3年に1回	1月1日
公表時期	—	3月下旬	9月下旬	4月下旬	7月下旬
評価水準	100%	100%	100%	70%	80%

登記簿よりも実際の面積が小さい土地

登記簿と実際の土地の面積が違うことはよくあります

土地評価には、その土地の面積の情報が必要です。ただしそれは、その土地の「実際の」面積でなければなりません。土地の面積を知る資料のひとつとして登記簿がありますが、実は、登記簿の面積と、実際の面積が異なることがよくあります。登記簿の面積よりも実際の面積の方が大きい場合を「縄伸び」、登記簿の面積よりも実際の面積の方が小さい場合を「縄縮み」といいます。縄縮みしている場合、登記簿の面積で評価すると、過大な評価に直結してしまいます。

登記簿に記載されている土地の面積は、明治初期に行われた地租改正事業による測量がもとになっています。地租改正とは、江戸時代、コメの収穫量を税の基準としていたのを、所有する土地の面積を基準とするよう改めたものです。当時の測量技術は未熟で、かつ測量は住民に任されたために、彼らは税負担を逃れるためわざと土地の面積を小さく報告したといわれ、結果として、実際の面積とは異なる数値が登記簿に記載されることとなりました。

このような経緯から、「縄伸び」のケースが「縄縮み」よりも圧倒的に多くなっています。田畑や山林はとくに縄伸びが起こりやすい土地といえます。反対に、縄縮みが起こる理由としては、戦前、地主は小作人に小作料を支払わせて、地主所有の土地を耕作させていましたが、小作料の計算は、土地の面積によっていたために、小作人からより多くの小作料を取ろうとした地主が、土地の面積を実際よりも大きく行政に報告したことなどが挙げられます。

土地の価額は、その土地の「実際の」面積を用いて計算する。
面積の情報を知る手段のひとつに「登記簿」があるが、
登記簿の面積と実際の面積が異なることがよくある !!

登記簿の面積 < 実際の面積 → 縄伸び

登記簿の面積 > 実際の面積 → 縄縮み

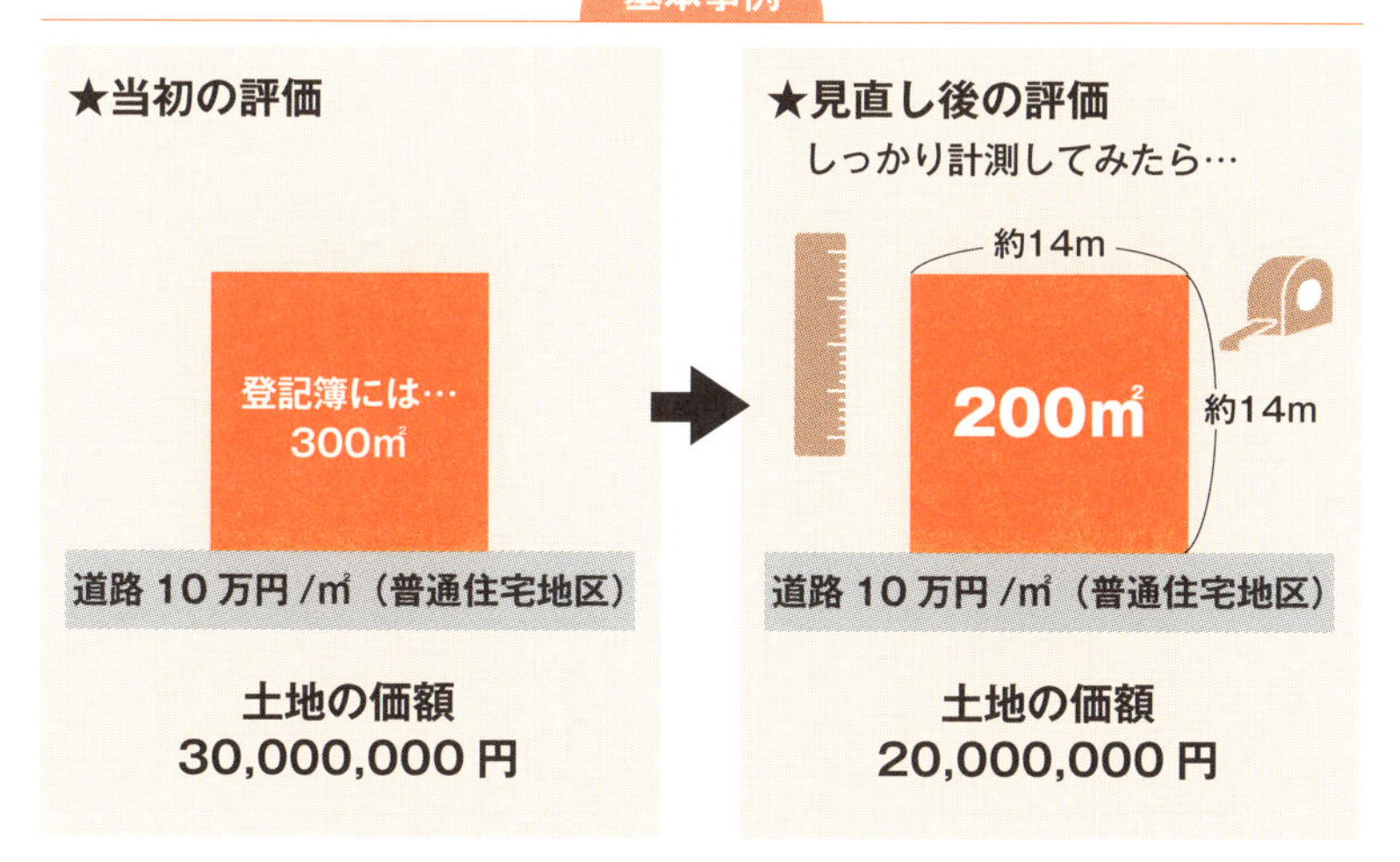

評価差 10,000,000円、
約300万円、
相続税が安くなった !!

適正な区分けができていない土地

筆ごとに評価するとは限りません

土地の評価は、一体利用がされている範囲を特定して、その範囲ごとに行います。この範囲を「評価単位」といいます。土地がフェンスやブロックで仕切られている場合はそれを目安とし、そのようなものがない場合は、土地の利用状況、権利関係、地積測量図などをもとに評価単位の判定を行います。土地を数える単位として、「筆」がありますが、相続税における土地評価は、必ずしも筆を単位としません。複数の筆をひとまとまりとすることもありますし、ひとつの筆をいくつかに区分けすることもあります。

このように、どこまでの土地をひとまとまりとするかは、土地評価をするうえで一番のベースとなるものであり、とても重要なものです。

左の事例では、当初、貸家4棟の敷地をひとまとまりのものとして評価していました（A土地）。相続税で貸家の敷地は、1棟ごとに区分けして評価するのが基本です。現地を調査してみると、貸家の間にはフェンスなどの明確な仕切りがなかったことから、ふだん、住人がどのようなルートで敷地内を利用しているかをヒヤリングし、また建築計画概要書などの資料も参考にしながら、境界線を判定しました。

それにより4つの敷地の範囲を特定し、敷地ごとに評価を見直した結果、B土地は1640万円、C土地は約1660万円、D土地は約870万円、E土地は820万円、土地全体では約4990万円と評価額が算定されました。当初の評価額が約7320万円ということで、土地の評価額は約2330万円下がり、約700万円、相続税が安くなりました。

土地の価額は、一体利用がされている範囲を特定して、その範囲ごとに計算する。この範囲を「評価単位」という。

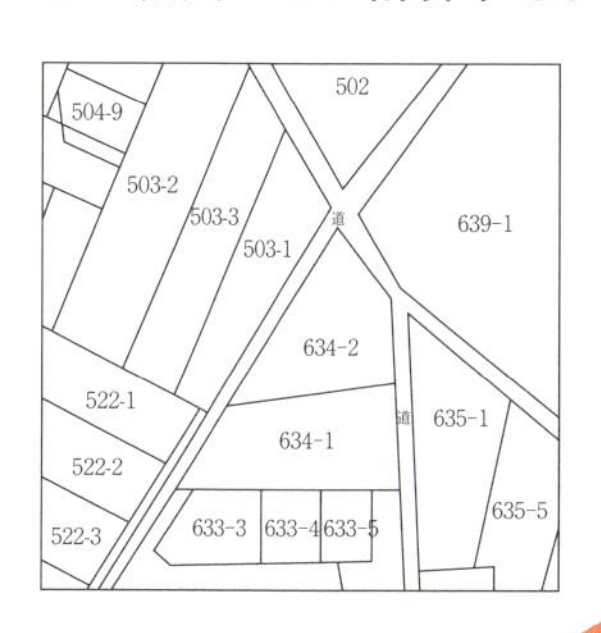

左のような地図を「公図」といい、法務局に備え付けられている公的な地図である。公図に見られる番号が振られた範囲を「筆」という。相続税では、土地評価は、筆ごとに行われるとは限らない。

基本事例

借地権割合 60%　借家権割合 30%　賃貸割合 100%

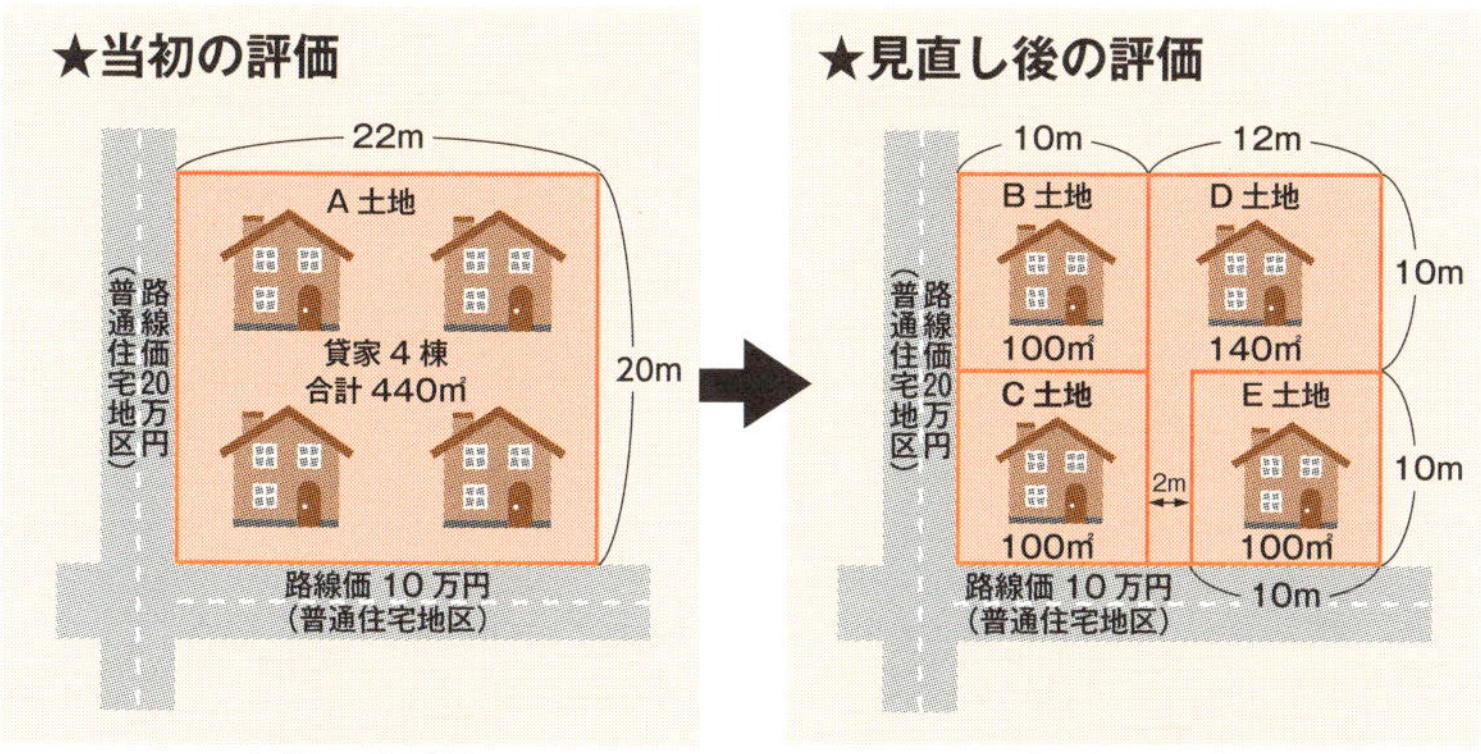

土地の価額

A 土地　73,242,400 円

土地の価額

B 土地	16,400,000 円
C 土地	16,646,000 円
D 土地	8,724,800 円
E 土地	8,200,000 円
合計	49,970,800 円

評価差 23,271,600 円、約 700 万円、相続税が安くなった!!

敷地の中を赤道が通っている土地

「セキドウ」ではなく「アカミチ」です

公図は、法務局に備え付けられている公的な地図で、日本中の土地の形状や地番などを確認できます。公図を見てみると、たまに地番が付されていない細い筆を目にすることがあります。この土地は道路法や建築基準法の適用のない里道や農道であり、「赤道（あかみち）」と呼ばれます。赤道は国有地ですが、すでに道としての機能を失っているものも少なくありません。

隣接する宅地と一体化している場合もあり、この場合、現実の利用状況を重視し、公用地の払下申請を行って、個人所有地とすることが認められます。

相続税土地評価では、敷地の中を赤道が通っている場合、次のポイントを勘案し、すべてを満たす場合は、全体をひとつの土地として評価し、そうではない場合は、別個に土地を評価します。

①相続開始時点で赤道を含め全体が建物の敷地として利用され、赤道が相当長期間にわたって平穏かつ公然に占有されている

②赤道について、公用地の払下申請を行ったとしても、第三者の経済的利益に特段の影響がない

③赤道により分断されている土地を別個に評価すると、無道路地や著しく狭小な土地などが生じ、不合理な評価となる

全体をひとつの土地として評価する場合は、一体評価した金額から、赤道部分の払下費用相当額を控除するのが相当とされます。

公図で、たまに地番が付されていない細い筆を
見かけることがある。これは「赤道」と呼ばれる。

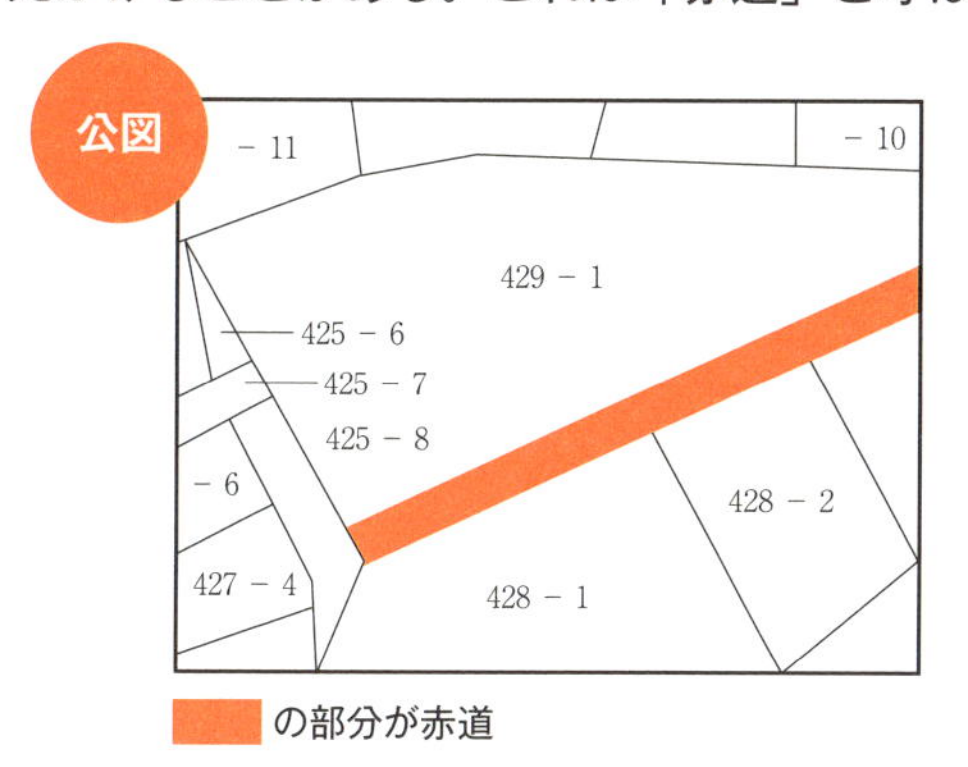

敷地の中を赤道が通っている土地で、赤道を一体評価する場合とは…？

1. 相続発生時点で赤道を含め全体が建物の敷地として利用されている

2. 赤道の払下申請を行っても誰かの利益をさまたげることがない

3. 赤道により土地を別個に評価すると、無道路地などが生じる

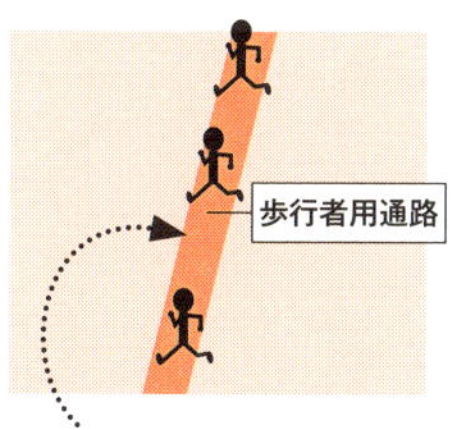

さまたげになる場合とは…？
実際に農道や歩行者用通路として利用されている場合

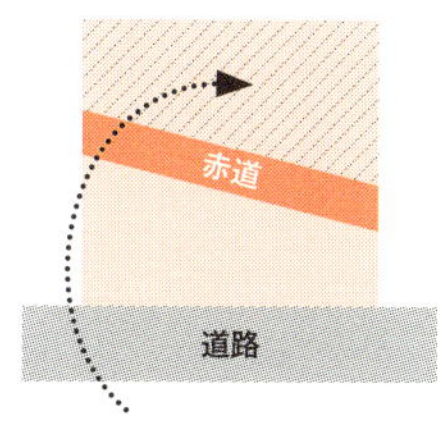

この部分が道路に接しない
土地になってしまう！

①～③を満たす場合、赤道を含めた敷地全体を一体で評価し、そうでない場合は各土地を別個に評価する。

土地利用の仕方が登記簿と実際とで異なる土地

土地は、地目ごとに評価するのが基本です

登記簿には、「地目」と呼ばれる、その土地がどのような利用のされ方をしているのかを明示する箇所があります。地目には、宅地、田、畑、山林、雑種地など23種類あり、その土地の利用状況からひとつが、登記簿に記載されます。

相続税においても地目があり、この場合、9種類となります。相続税では、登記簿に記載されている地目がたとえば「畑」であっても、財産を持っている人が亡くなった時点で、アパートの敷地として利用されていたことが明らかな場合、その土地は「宅地」と判断して、土地評価を行います。

土地は、現況の地目ごとに評価するのが基本です。そのため、その土地がどの地目なのかを適切に判断していく必要があります。

また、登記簿上、地目が異なる複数の土地が、実際には一体利用されていて、評価もそのひとまとまりで行った方がよいと考えられる場合、その土地を構成する地目のうち、主要と判断されるものを、その土地全体の地目とします。

基本事例は、アパートとその入居者専用駐車場が隣接する土地で、アパートの敷地（A土地）は宅地、駐車場の敷地（B土地）は雑種地として、当初、別々に計算されていました。この事例の場合、B土地を利用しているのはA土地のアパートの入居者のみであり、A土地、B土地の一体利用が明らかなことから、全体をひとつの宅地（貸家建付地（※））として再計算し、その結果、630万円、土地の価額が下がり、約190万円、相続税が安くなりました。

（※）詳細についてはNo.20「アパートや貸家の敷地」（90ページ）を参照。

土地は「地目」ごとに評価するのが基本!!

登記簿上は「畑」でも……

所在	東京都〇〇市	
①地番	②地目	③地積
1011 番	畑	

実際にはアパートが建っていたら、相続税での土地の地目は「宅地」となる。

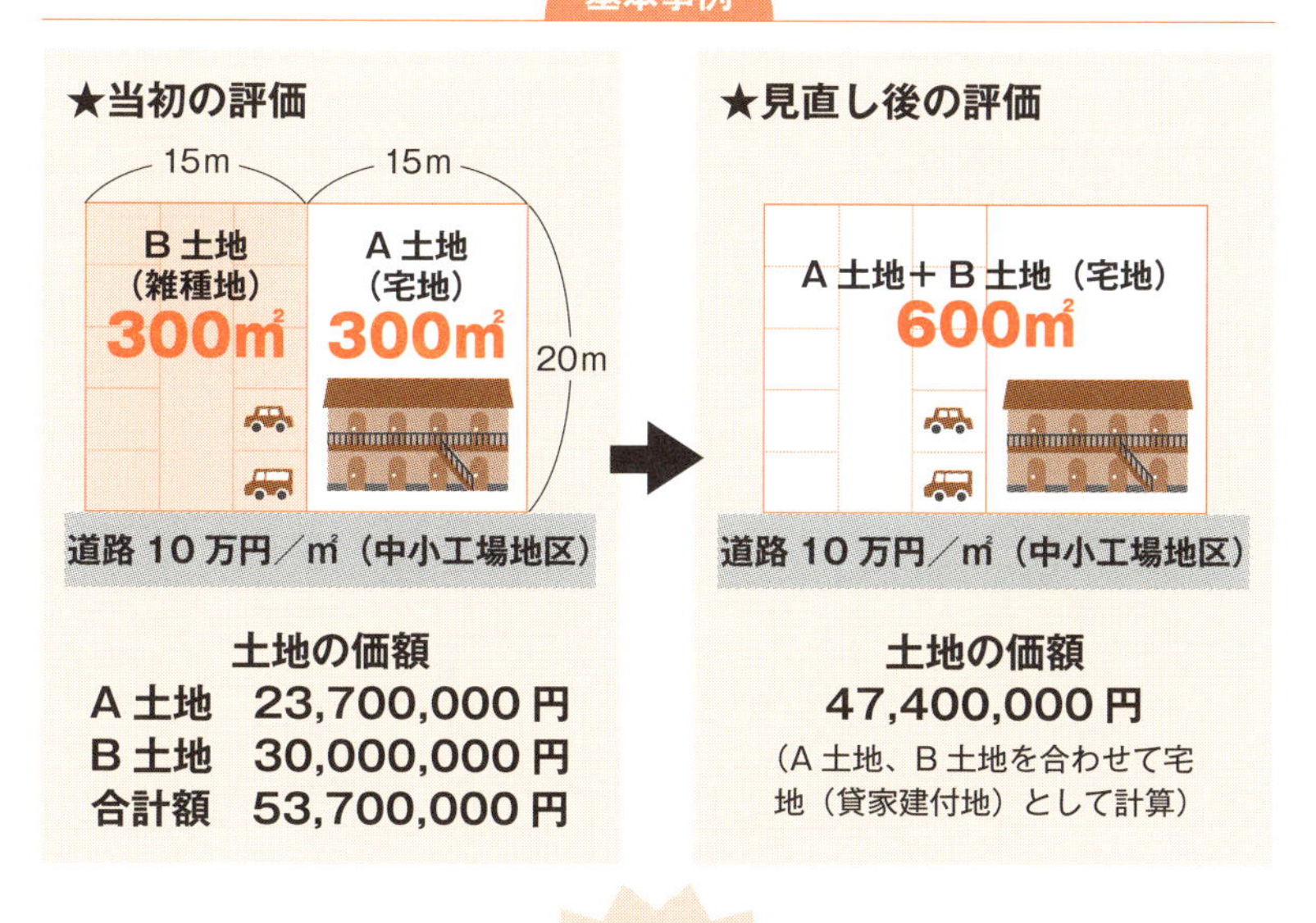

評価差 6,300,000 円
約 190 万円、
相続税が安くなった!!

分割の仕方に問題のある土地

分割の仕方に問題のある土地は、分割前の土地をもとに評価します

相続税では、ある土地を分割して取得した場合、その評価は、取得した土地ごとに行うのが原則です。しかし、そうであっても、著しく狭い土地や、道路に接していない土地など、それだけでは通常の利用ができない土地を生じる場合、そのような分け方は「不合理分割」と呼ばれ、原則とは異なる計算を行います。

具体的には、まず分割前の土地を評価し、それを実際に取得した土地の面積等で按分して、その土地の価額とします。

例を見てみましょう。A土地から分割されたB′土地は、直接、道路につながっておらず、建築基準法の接道義務（No.12「道路に接していない土地」（74ページ）を参照）を満たしていないため、B′土地内に建物を建てることはできません。この場合、分割前のA土地の金額をまず計算し、その金額にA土地の面積に対するB′土地の面積の割合をかけて、B′土地の価額とします。

同じように、A土地から分割されたC″土地は非常に細長い土地であり、そのままでは利用が困難です。この場合、A土地の金額に、A土地の面積に対するC″土地の面積の割合をかけて、C″土地の価額とします。

不合理分割は、親族や同族会社との間で、土地の価額を不当に下げようとして行われることがあり、それを防ぐことを目的として、このような措置が設けられています。

相続において土地を分割して取得した場合、取得者ごとに
土地の金額を計算する。ただし、分割により通常の利用が
できない土地が生じる場合、「不合理分割」として、
分割前の土地の金額を計算し、それを各土地の面積で按分する。

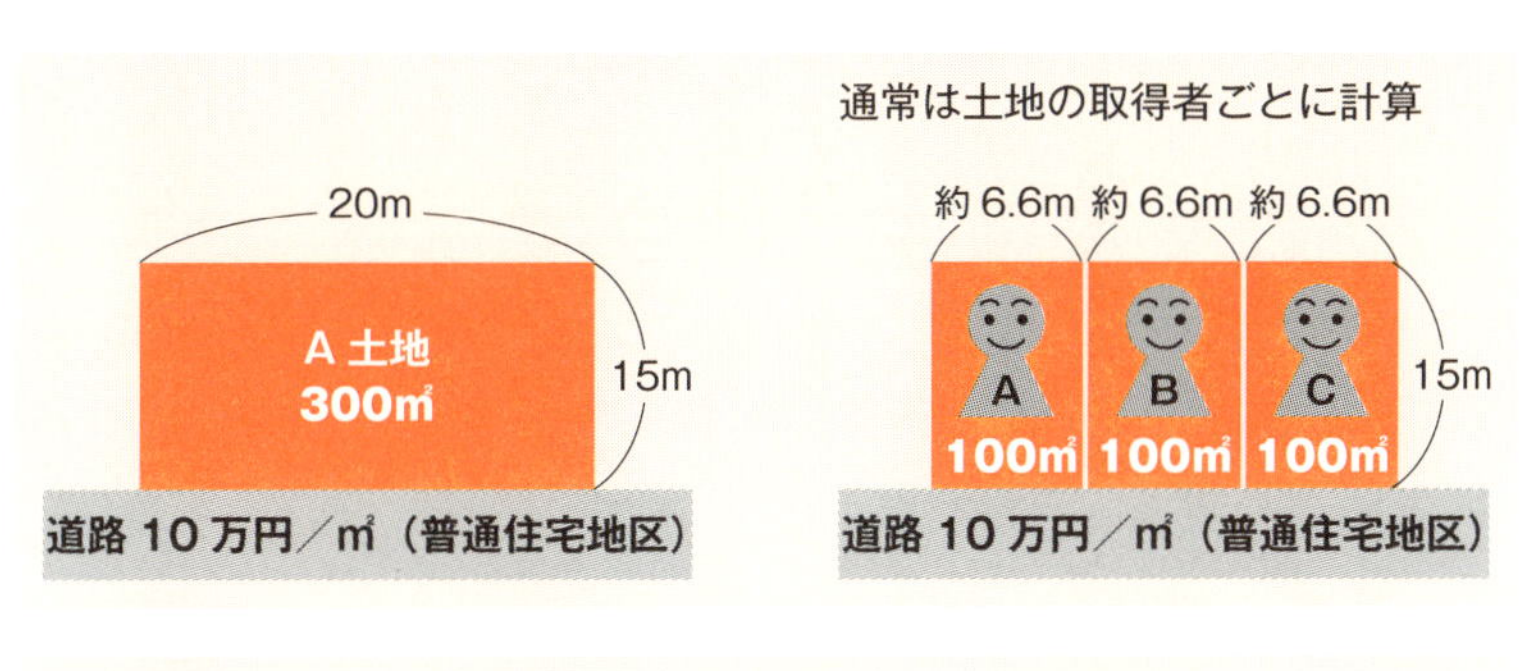

道路に接していない土地、著しく狭い土地などが生じる場合は、
「不合理分割」に当たる場合の計算方法による

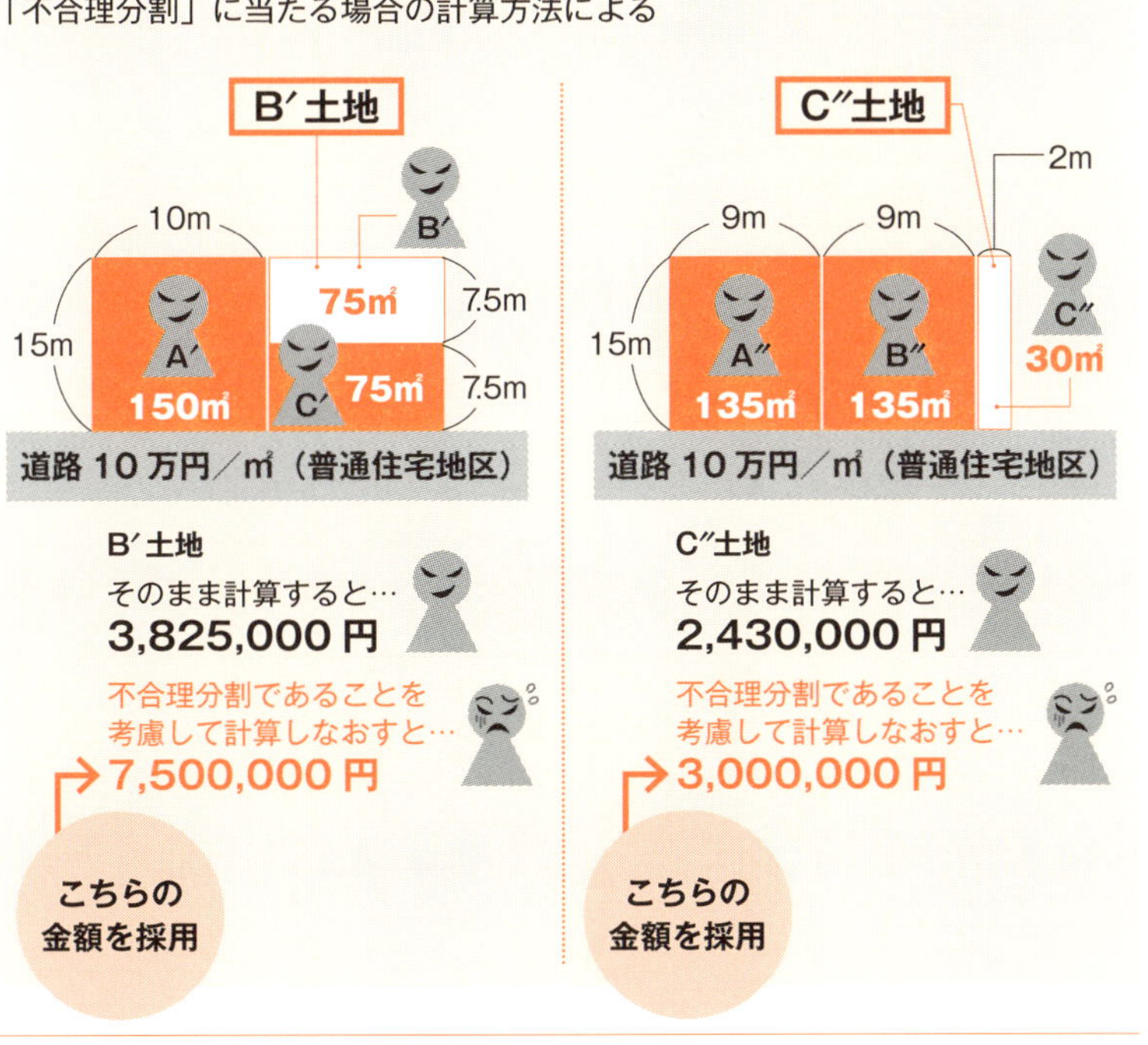

形の悪い土地
使いづらいので価額が下がります

都心の住宅密集地などに行くと、道路部分から見て間口が狭い通路があり、その奥が広いスペースになっていて、そこに家が建てられていることがあります。

こうした土地は「旗竿地」と呼ばれ、間口の広い土地に比べ、通路部分が狭く駐車しづらい、敷地が奥まっていて通風や採光が悪い、資材が運び入れにくく建築費が割高になりやすいといったデメリットがあるため、不動産価格が下がる傾向にあります。

旗竿地と同じ理由で、「形がいびつな土地」や「間口の狭い土地」、「奥行がある土地」も、利用に不便があるため、そうではない土地に比べ土地価格が下がります。

相続税で、これらの土地を評価するときは、こうしたデメリットを考慮します。

具体的に計算してみると、左ページの例の旗竿地は、同じ面積で正方形の土地が1700万円となるのに対し、1292万円となります。また、形のいびつな土地は1564万円、間口の狭い土地は1377万円、奥行のある土地は1535万円となり、それぞれ金額が下がることがわかります。

相続税土地評価では、路線価にその土地の面積をかけて出した金額から、現実の使いにくさを考慮して減額していくため、土地の形状によるマイナスを的確に反映させることで、相続税を安くすることができます。

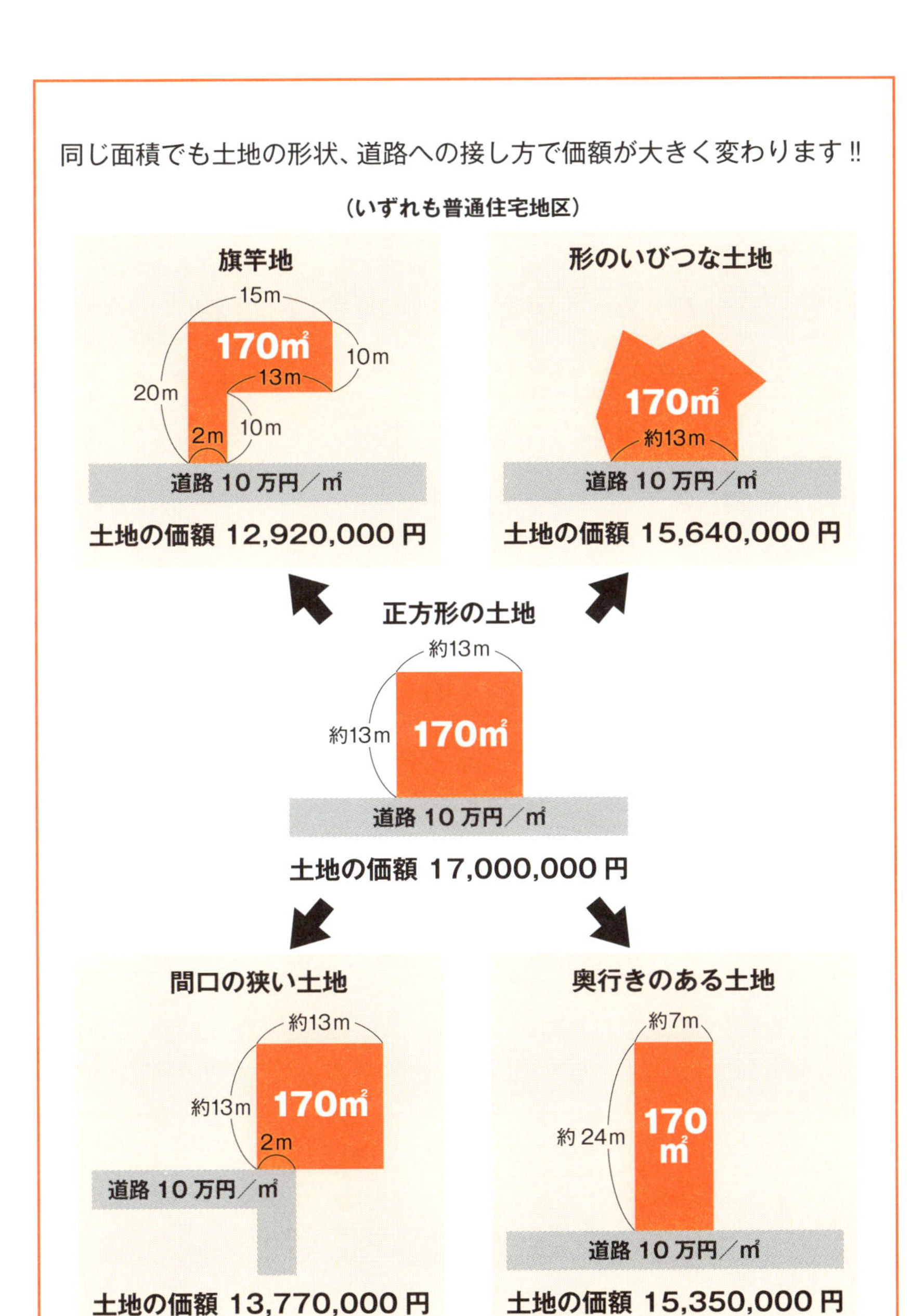
同じ面積でも土地の形状、道路への接し方で価額が大きく変わります !!
（いずれも普通住宅地区）
旗竿地
15m
170㎡
10m
13m
20m
10m
2m
道路 10 万円／㎡
土地の価額 12,920,000 円
形のいびつな土地
170㎡
約13m
道路 10 万円／㎡
土地の価額 15,640,000 円
正方形の土地
約13m
約13m
170㎡
道路 10 万円／㎡
土地の価額 17,000,000 円
間口の狭い土地
約13m
約13m
170㎡
2m
道路 10 万円／㎡
土地の価額 13,770,000 円
奥行きのある土地
約7m
約 24m
170㎡
道路 10 万円／㎡
土地の価額 15,350,000 円

敷地内にがけのある土地

敷地の利用が制限されることによる減額が可能です

宅地の一部にがけが存在していて、その部分を利用できない場合、そのようなものがない同じ形状の土地と比べて、利用価値が劣ると考えられます。こういった土地は、がけが存在しない同じ形の土地の価額から、がけとなっている部分の面積や方位に応じた減額を行って、その土地の価額とします。

この計算方法で想定されるがけ地には、自然に存在する傾斜のほか、郊外の宅地分譲などに見られる人口擁壁なども含まれます。

通常、土地の不動産価格は、日当たりや通風の違いから、南東斜面は高く、北西斜面は安くなる傾向にあります。それと同じく、がけ地があることによる金額の減少幅は、がけ地の方位が南、東の場合は小さく、西、北の場合は大きくなります。

基本事例は、南側50㎡ががけ地のため利用できず、実際に宅地として利用されている部分は150㎡となっています。このような場合、がけ地がない同じ形状の宅地の価額が1960万円なのに対し、この宅地の価額は約1800万円となります。このように、がけ地が敷地内にあることを的確に考慮することで、相続税を安くすることが可能です。

なお、この計算方法は、敷地の一部にがけ地がある「宅地」に対して使用できるものであり、宅地造成費の控除が必要な宅地以外の土地（市街地山林等）には使えないため注意が必要です。その場合の具体的な評価方法としては、No.31「宅地化が見込めない市街地山林」（120ページ）の評価等があります。

宅地の一部にがけが存在していて、その部分を利用できない場合、がけが存在しない同じ形の土地の価額から、がけの面積や方位に応じた減額を行って、その土地の価額とする。

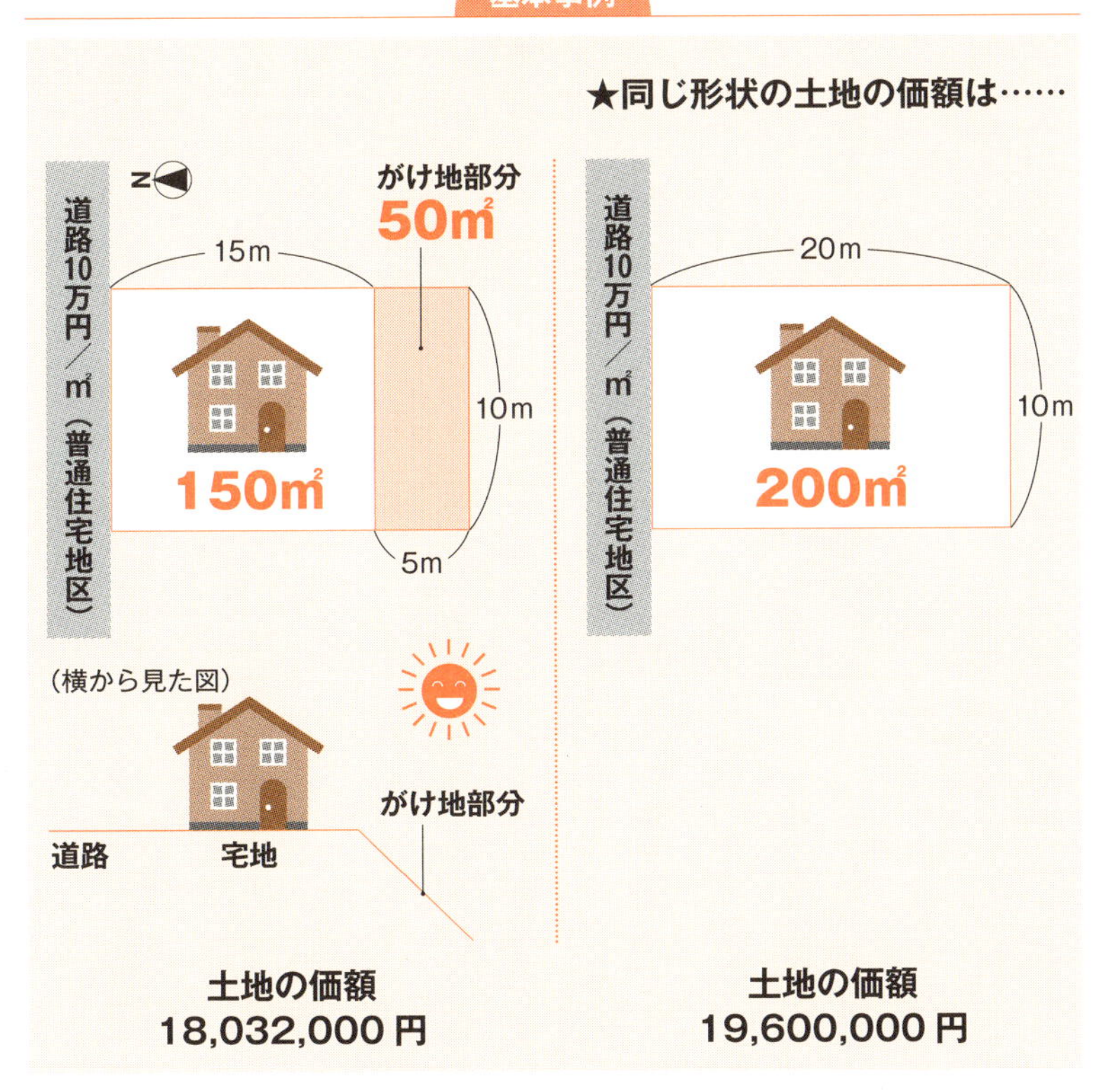

がけ地が敷地内にあることを的確に考慮することで、相続税が安くなる！

広い土地① 広大地

平成29年までに相続が発生した方が対象。まだ間に合います！

かなり広い土地を相続されたという方、その土地はもしかしたら、広大地かもしれません。

広大地とは、その地域における標準的な宅地に比べて、著しく広い土地のことをいい、広大地と認められれば、最大で65％も土地の評価額を下げることができます。

広大地に該当するためには、少なくとも次の３つの条件をクリアする必要があります。

①その地域における標準的な宅地に比べて著しく土地の面積が大きい
②マンションの敷地用地に適していない（戸建分譲用地に向いている）
③その土地を開発しようとした場合、開発道路などを通す必要があり、潰れ地が生じる

①については、三大都市圏の市街化区域の場合、500㎡以上、それ以外の市街化区域の場合は、1000㎡以上が目安となります。そのうえで、「各自治体が定める開発許可を要する基準面積」「建築物の敷地面積の最低限度」「周辺にある固定資産税の標準宅地等の面積」などを参考にして、著しく土地の面積が大きいかどうかを判定します。

②については、まず都市計画法に規定する用途地域を調べ、その土地が容積率300％未満の地域に属するかどうかを判断材料のひとつとします。容積率とは、「敷地面積に対する建物の延べ床面積（建築物の各階の床面積の合計）の割合」のことで、その

土地にどれぐらいの大きさの建物を建てることができるかを示したものです。300%以上の場合、マンションなど中高層の建物の建築が可能なことから、その土地は原則、広大地に該当しないことになります。

また、その土地の周辺地域の土地利用を分析し、たとえば、100㎡から150㎡の住宅地が連なる地域であり、周辺地域で行われている土地開発も宅地分譲がほとんどということがわかれば、そのような地域にある広い土地は、マンションの敷地としてではなく、その地域にある標準的な土地面積で区画割りした、戸建の敷地として開発されることが予想できます。

③については、たとえば、ようかん切りができる土地（63ページ）、角地など2辺以上を道路に接している土地は、開発道路を通さずとも、周辺の一般的な大きさの土地と同じ面積で区画割りできることが多いことから、この条件は満たさないことになります。開発道路を通す必要があるかどうかは、土地の形状や奥行、道路付け等によるため、専門家による検証が不可欠です。

ほかにもいろいろな条件がありますが、これらをすべてクリアすると、広大地として、大幅な減額が可能となります。

なぜこんなにややこしい？

広大地評価は要件がややこしいのが特徴です。このような要件が設けられているのは、以下の理由からです。

地域における標準的な宅地と比べて広い土地というのは、売却費用が高額になりやすく、購入できるのはデベロッパーなどに限定されます。彼らはその土地を購入して、その地域の標準的な宅地と同じ程度の広さに区画割りして分譲したり、大規模マンションを建てて各戸を分譲したりすることが予想されます。

マンションの場合はとくに問題になりませんが、宅地分譲の場合、奥行のあるような土地だと、もともとあった広い土地の中に道路を通さないと、奥まで区画割りして分譲することができません。この道路部分には埋設管などを敷く必要があり費用がかさむうえ、道路部分が潰れ地となって使用できないことから、業者にとっては損失です。この損失分は、もともとこの土地が価値として内包しているものでもあり、相続開始時点の土地の評価にもそれを反映させるため、このような計算体系が組まれています。

基本事例を見てみましょう。A土地は、当初、約1億円と評価されていましたが、前述の観点から検証を行った結果、広大地に当たると判断できました。その結果、約4千万円、土地の金額は下がり、約1200万円、相続税が安くなりました。

たとえば、これまでバラバラに評価されていた土地を、ひとつの評価単位にまとめて評価しなおすこととなった場合、ひとつになったことで土地の面積が増えるので、その土地が広大地に当たる可能性が出てきます。広大地評価は減額幅が大きいために、適用できるかどうかは大きな問題です。その点、どこまでをひとつの土地とするかの見極めが、重要になってきます。

なお、広大地評価は、平成29年12月31日以前に発生した相続に対して適用されます。平成30年1月1日以降に発生したものについては、№9「地積規模の大きな宅地」（64ページ）の評価という、別の評価方法が適用されます。

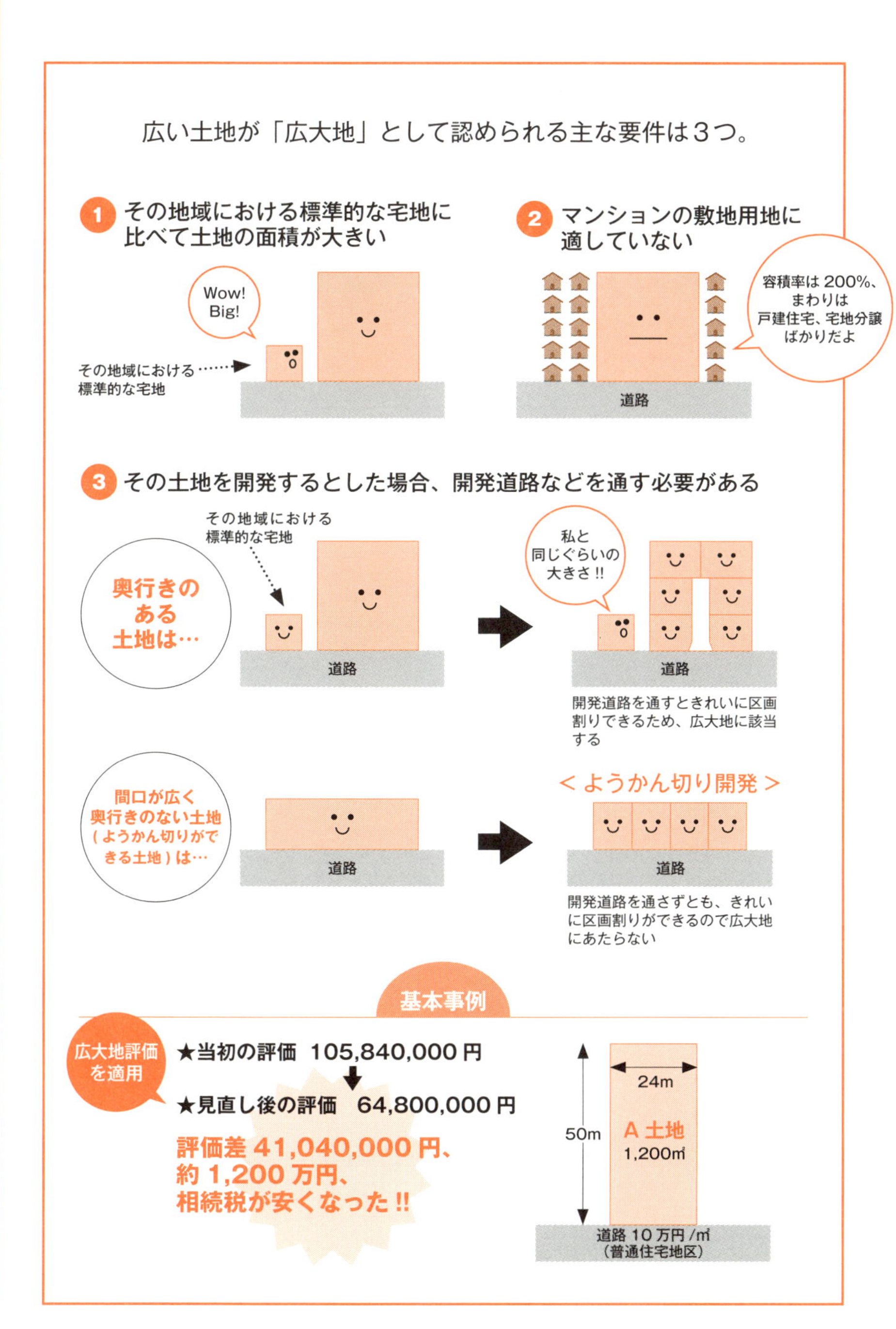
広い土地が「広大地」として認められる主な要件は３つ。
1 その地域における標準的な宅地に比べて土地の面積が大きい
Wow! Big!
その地域における標準的な宅地
2 マンションの敷地用地に適していない
容積率は200%、まわりは戸建住宅、宅地分譲ばかりだよ
道路
3 その土地を開発するとした場合、開発道路などを通す必要がある
奥行きのある土地は…
その地域における標準的な宅地
道路
私と同じぐらいの大きさ!!
道路
開発道路を通すときれいに区画割りできるため、広大地に該当する
間口が広く奥行きのない土地（ようかん切りができる土地）は…
道路
< ようかん切り開発 >
道路
開発道路を通さずとも、きれいに区画割りができるので広大地にあたらない
基本事例
広大地評価を適用
★当初の評価 105,840,000円
★見直し後の評価 64,800,000円
評価差 41,040,000円、約1,200万円、相続税が安くなった!!
24m
50m
A土地 1,200㎡
道路 10万円/㎡（普通住宅地区）

広い土地② 地積規模の大きな宅地

平成30年以降の相続の方は、これで大幅評価減に！

前項の広大地評価は要件が不明確なため、適用できるかどうか、税務の専門家である税理士でも判断に悩むことが少なくありませんでした。

このような不便を解消するため、平成29年の法改正により広大地評価は廃止され、平成30年1月1日以降に発生した相続については、より要件が明確な、「地積規模の大きな宅地の評価」が適用されることとなりました。

つまり、これから相続が起こる方、現在、相続が起きていて、申告義務がある方の相続税の計算では、原則として、地積規模の大きな宅地の評価が適用されることになります。

地積規模の大きな宅地は、東京、大阪、名古屋の三大都市圏においては500㎡以上の面積の宅地、三大都市圏以外の地域においては1000㎡以上の面積の宅地がその対象となります。

また、開発ができない市街化調整区域にある宅地や、指定容積率が400％（東京都23区の場合は300％）以上の地域にある宅地なども除外されます。

さらに、路線価図には、左上に「ビル街地区」「高度商業地区」といった7つの地区名が記されており、これは「地区区分」といわれます。地区区分は、その道路周辺の土地が、おおむね、どのような利用がなされているのかを識別できるようにしたものですが、この中で、「普通商業・併用住宅地区」と「普通住宅地区」に所在する宅地のみが、地積規模の大きな宅地の評価の適用対象となります。

広い土地が「地積規模の大きな宅地」として認められるには……。

❶ 三大都市圏では500㎡以上の面積の宅地。それ以外では1,000㎡以上の面積の宅地

道路

❷ 開発できない市街化調整区域の宅地や指定容積率が400%（東京23区の場合は300%）以上の地域等にある宅地は除く

❸「普通商業・併用住宅地区」と「普通住宅地区」にある宅地

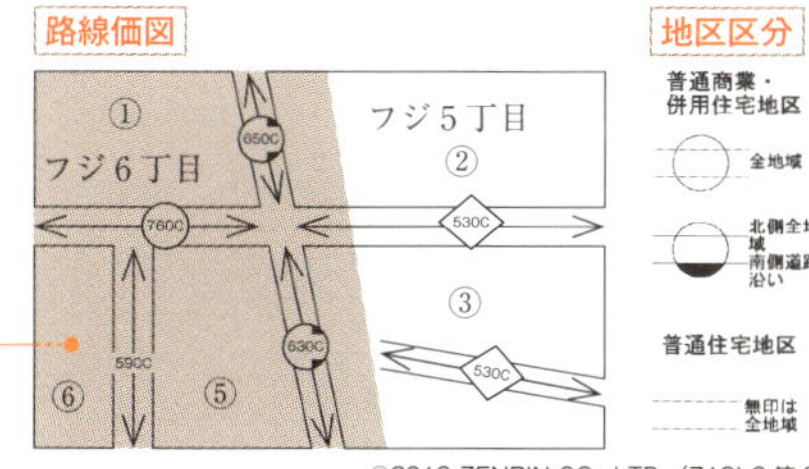

適用範囲

©2019 ZENRIN CO., LTD.（Z19LC 第268号）

基本事例

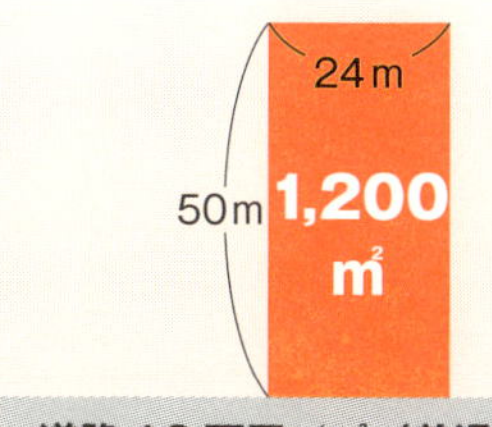

道路 10万円／㎡（普通住宅地区）

★通常の評価
104,664,000円
★地積規模の大きな宅地の評価
80,590,800円

通常の評価よりも約2,400万円
評価額が下がる!!

広大地評価あれこれ

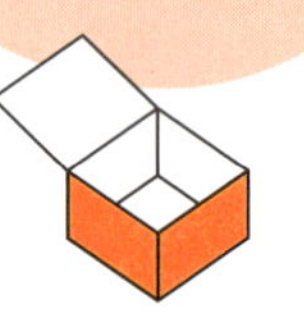

広大地評価と新評価、違いは？

「広大地評価」も新たな評価方法である「地積規模の大きな宅地の評価」も、三大都市圏においては、500㎡以上の宅地を対象として適用されるものであり、一見すると同じように見えます。違いはどこにあるのでしょうか。

まず、「広大地評価」の要件のひとつとして、「その土地を開発しようとした場合、開発道路などを通す必要があり、潰れ地が生じる」というものがあります。その点、間口が広く奥行がない土地（ようかん切りができる土地）や角地などは、開発道路を通さずとも、周辺の一般的な大きさの土地と同じ面積で区画割りができるため、「広大地評価」が適用できないことがよくありました。

一方、「地積規模の大きな宅地の評価」には、潰れ地の要件がありません。そのため、従来、「広大地評価」が適用できなかった土地にも適用でき、評価額を下げることが可能です。

また、「広大地評価」と「地積規模の大きな宅地の評価」は、同じ面積の土地に適用する場合、後者のほうが減額割合が小さくなります。ただし、「地積規模の大きな宅地の評価」では、土地の形状が悪いと、№6「形の悪い土地」（56ページ）の評価方法を用いて、余計に減額を行うことができます。そのため、ひどくいびつな土地の場合、「広大地評価」と同程度の評価減ができる、ということもありえます。しかし、きれいな四角形の土地の場合は、「広大地評価」のほうが、だんぜん、評価額が下がります。

さらに、路線価図に記された地区区分のひとつに、「中小工場地区」というものがあります。「広大地評価」は、この地区にある土地にも適用できる場合がありましたが、「地積規模の大きな宅地の評価」は、「普通商業・併用住宅地区」と「普通住宅地区」にある宅地のみが適用対象です。そのため、従来、中小工場地区にある、「広大地評価」を適用できた土地をお持ちの方が、平成30年以降にお亡くなりになった場合、「地積規模の大きな宅地の評価」を適用できず、相続税が大幅アップすることになります。

ただし、従来、中小工場地区だったところが、普通住宅地区等に変更されている場合があります。普通商業・併用住宅地区や普通住宅地区への変更であれば、「地積規模の大きな宅地の評価」が行えることから、ご自分の所有する土地の地区区分に変更がないかどうか、一度、チェックしてみましょう。

まだまだできる！　広大地評価

「広大地評価」は、適用できれば、圧倒的に評価額を下げられる、魅力的な評価方法です。しかし適用できるのは、平成29年12月31日までに起こった相続に限定されます。該当すると思われる方は、あきらめずに、まずは専門家の意見を聞いてみるところから、始めてみましょう。

地積規模の大きな宅地の評価を広大地評価と比較すると……。

★広大地評価に比べ評価額が下がるケース

角地、二方路等、道路付けが良いことで広大地評価を適用できる見込みがなかった土地
（敷延開発が可能な土地）

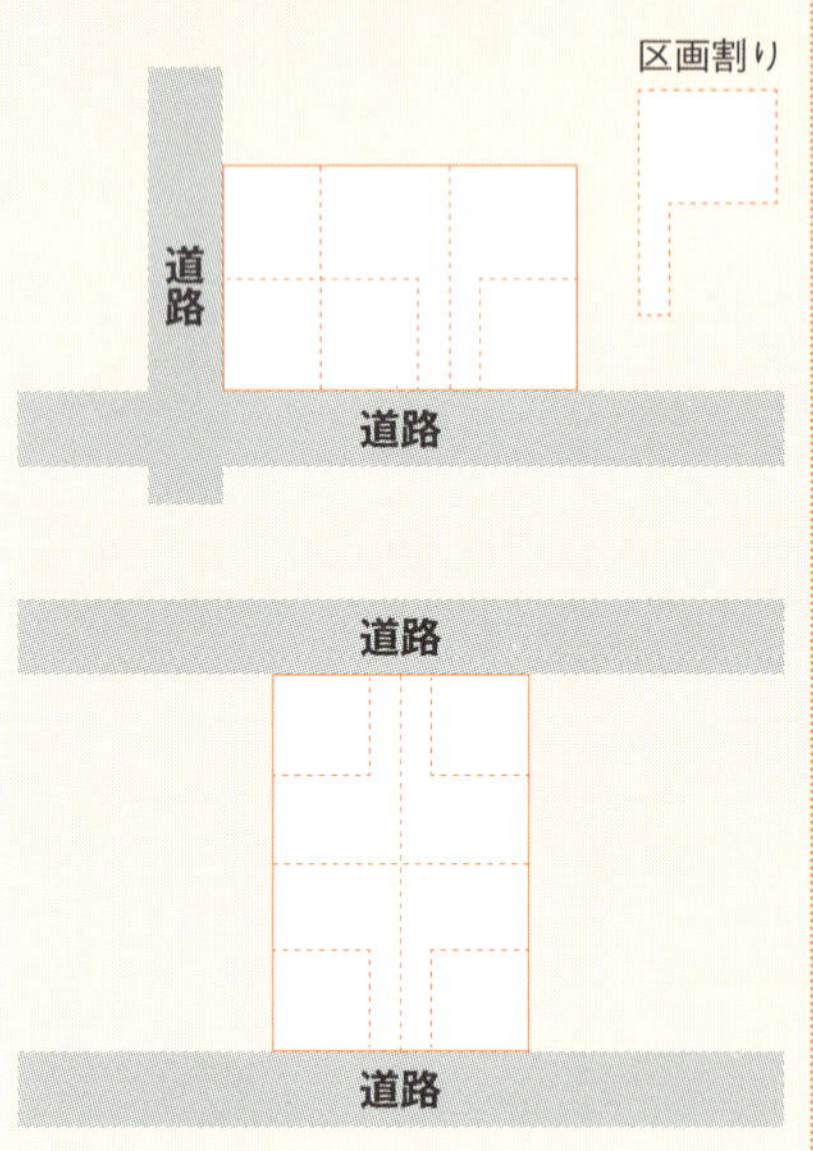

間口が広く、奥行きがないことで広大地評価を適用できる見込みがなかった土地

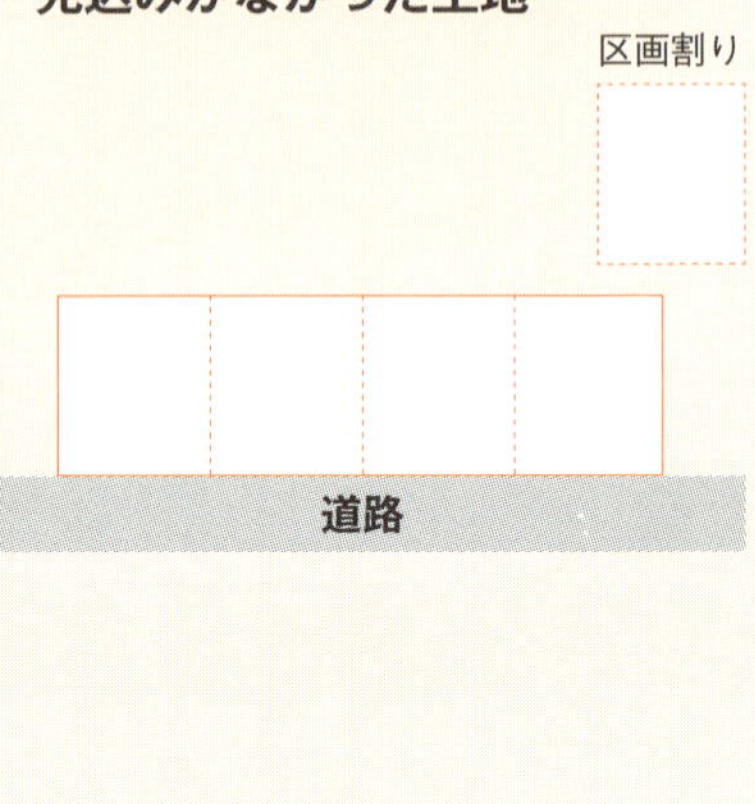

★広大地評価に比べ評価額が上がるケース

従来、広大地評価を適用できる見込みのあった中小工場地区にある土地

道路（中小工場地区）

整形地

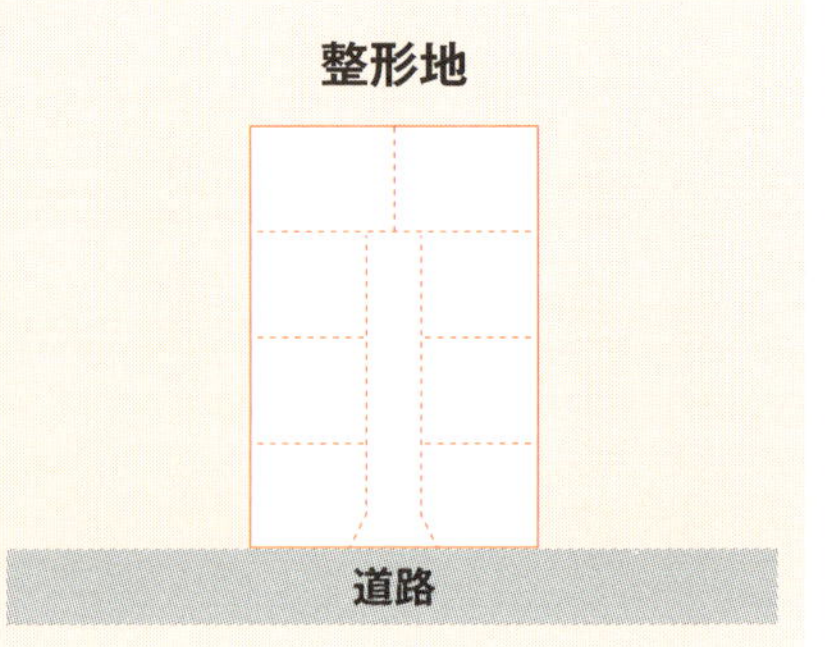

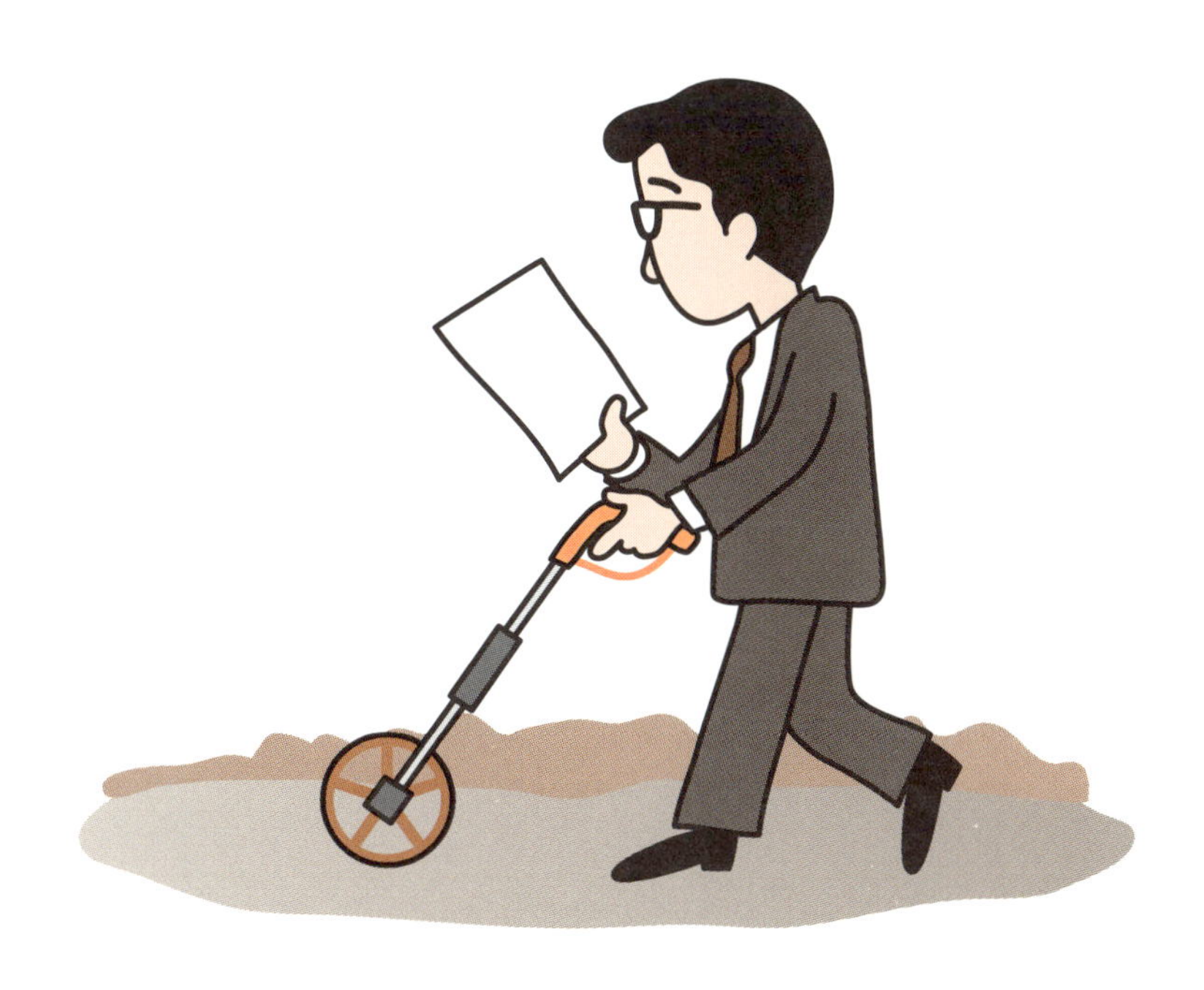

複数の道路に接する土地

利用できる道路が多いほど、価値が上がります

一般に、1つの道路にのみ接する土地を「一方路」、正面と側方、2つの道路が交わる角に面する土地を「角地」といいます。また、正面と裏面で道路に接する土地は「二方路」、3つの道路に接する土地は「三方路」と呼ばれます。角地、二方路、三方路は、一方路に比べ、通風や日照、出入りの便のよさなど居住の快適性が高いことから、不動産売買などで、より高く取引される傾向にあります。

こうした利便性の高さは、相続税土地評価でも考慮され、複数路線に接する土地は、正面路線によって評価した価額に、側方路線および裏面路線の影響を加算して評価します。

複数路線に接する土地の評価では、それぞれの道路から見たときの土地の奥行に応じた補正を、その道路に付いた路線価に施し、それにより得られた金額の最も大きいものが正面路線となり、その側方に位置するものが側方路線、裏面に位置するものが裏面路線となります。

図のように、同じ面積、形状の土地でも、一方路の場合は1700万円、角地の場合は約1740万円、二方路の場合は約1730万円、三方路の場合は約1760万円となり、複数の道路を利用できる土地ほど、価値が上がることがわかります。

相続税土地評価では、その土地が接する道路の判定を見誤り、本来、一方路なのに角地として、角地なのに三方路として評価されるケースもあります。道路の影響を的確に判断することで土地の評価額が下がり、相続税を安くすることが可能です。

同じ面積、形状の土地でも、
複数の道路を利用できる土地ほど価値が上がります!!

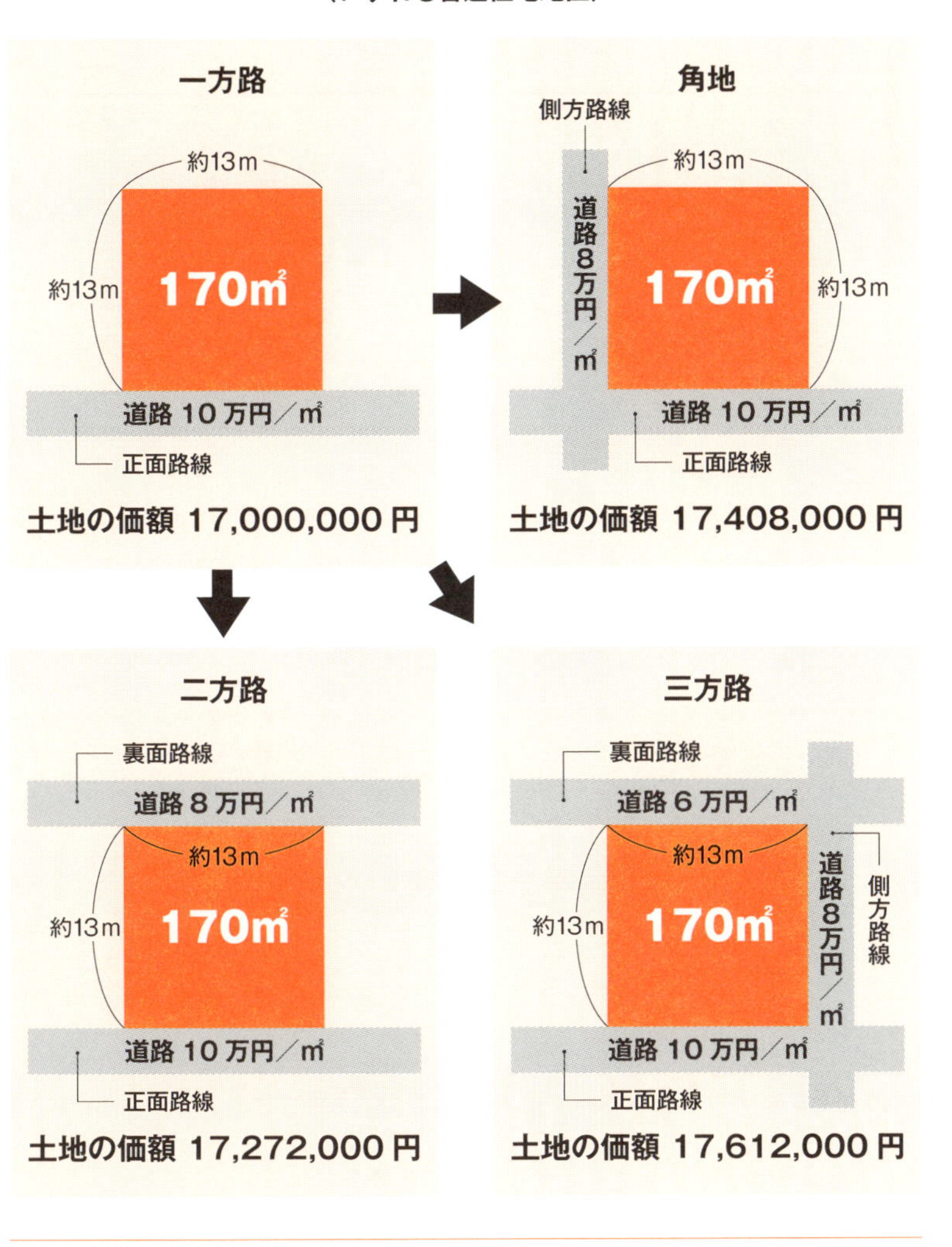

角地のようで角地でない土地

側方路線の加算割合を調整します

角地は、2つの道路が交わる角に面している土地をいいます。相続税では、正面路線によって評価した価額に、側方路線の影響を加算することをもってその土地の評価額とします。

左ページの事例のB土地は、一見すると角地のようですが、A土地があることで、2つの道路が交わる角には面しておらず、通風や採光、道路の出入りのよさといった角地が本来持つ機能に、一部、制限が生じています。このような場合、どのように評価するのが適正でしょうか。

このケースでは、側方路線の影響加算を低めに調整するのがポイントです。まず、乙道路の影響を計算するときに、通常、側方路線の影響を計算するときに使用する補正割合ではなく、より加算割合の小さい、二方路の裏面路線などに使用する補正割合を用います。なぜならB土地は角が欠けているため角地とはいえないからです。また、B土地は、乙道路には約13mしか接していないので、側方路線に対する間口の狭さも、本計算に反映させます。

当初、B土地はこうした考慮がされておらず、約11億9000万円と評価されていました。それを見直した結果、評価額は約11億6000万円となり、約1000万円、相続税が安くなりました。

PART1で「土地は個別性が強い」とお伝えしましたが、このケースは個別性の強い土地の典型例といえるでしょう。

基本事例

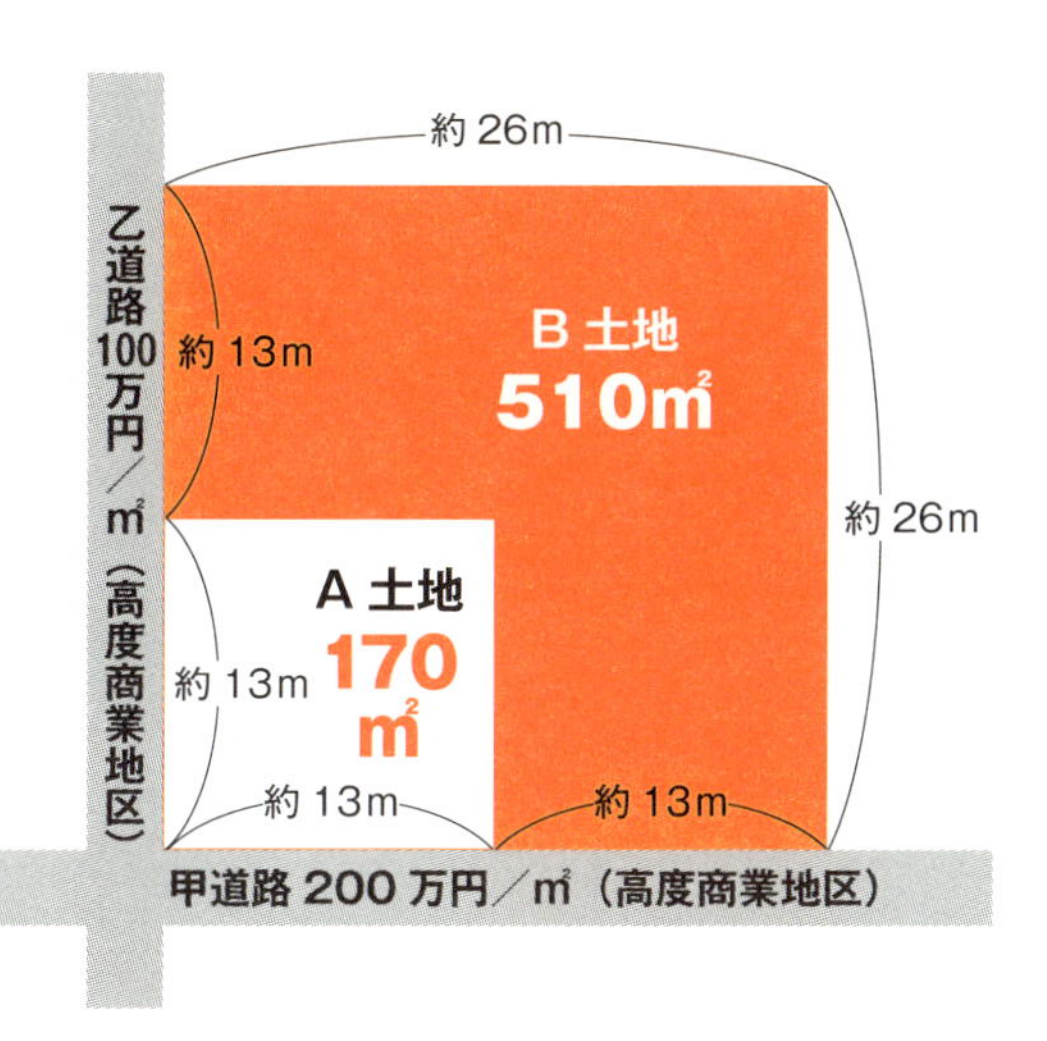

B 土地は、2 つの道路が交わる角に面しておらず、
角地が本来持つ機能が制限されているため、
角地としては評価しない。

★当初の評価
1,192,991,673 円（角地としての評価）

★見直し後の評価
1,161,167,673 円（側方路線の影響を低く調整）

評価差 31,824,000 円
約 1,000 万円、
相続税が安くなった !!

道路に接していない土地

建物が建てられないので、評価額が下がります

建物の建て方を定めた建築基準法第43条には、建物の敷地は建築基準法上の道路（道幅が原則4ｍ以上のものをいう）に2ｍ以上接していなければならないと規定されています。この規定は、都市計画法が定める「都市計画区域」および「準都市計画区域」の中にある土地に適用され、一般に「接道義務」と呼ばれます。接道義務を満たしていない土地には、原則として、建物を建てることができません。

道路にまったく接していない土地（無道路地）は、この接道義務を満たさないため、建物の建築が認められません。また、すでに建物が建っている場合、再建築不可となります。このような土地は、周辺土地に比べ、宅地としての利用価値が劣ることから、不動産価格が大幅に下がります。

無道路地の価値の減少は、相続税土地評価でも考慮されます。具体的には、実際に利用している道路の路線価に基づき形の悪い土地として計算した価額から、無道路地に建築物を建築するために必要な、必要最小限の間口をもつ通路を開設した場合の価額を差し引いて評価します。

左ページの事例でA土地は、甲道路に接する土地として評価されていましたが、現地を調査したところA土地は甲道路に接しておらず、無道路地であることが判明しました。そのため、相続税の見直しを行い、約830万円、土地の価額が下がり、約250万円、相続税が安くなりました。

道路にまったく接していない土地は、接道義務を満たさないため、建物の建築が認められない。このような土地は、実際に利用している道路の路線価に基づき形の悪い土地として計算した価額から、必要最小限の間口を持つ通路を開設した場合の価額を差し引いて評価する。

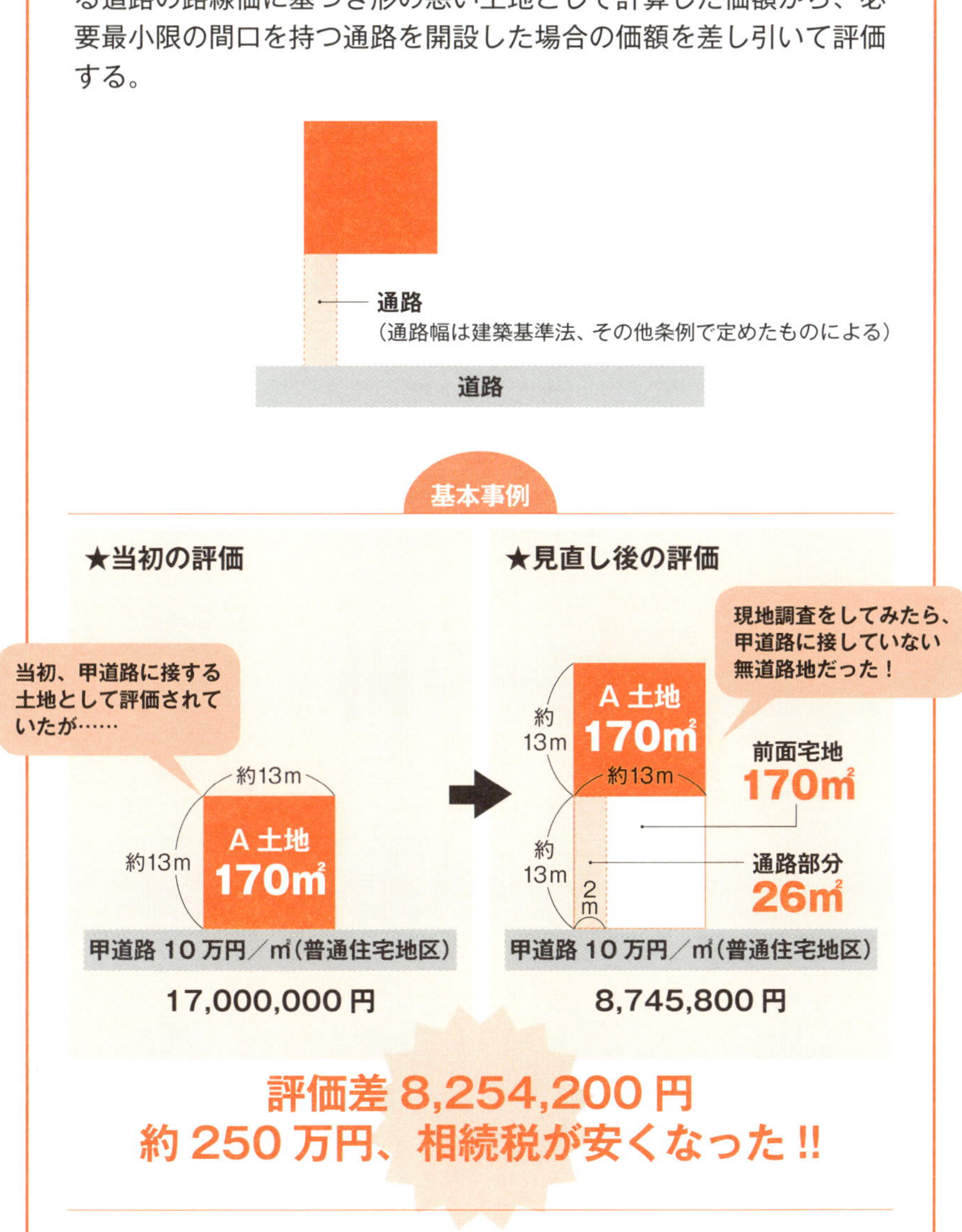

細い道路、未舗装道路に接している土地

その道、ホントに道路？

建築基準法上の道路とは、道幅が原則4m以上のものをいい、この道路に間口が2m以上接していない土地には、基本的に建物を建てることができません。ただし、道路幅が4m未満であっても、自治体が認めたものについては、建築基準法上の道路とされる場合があります。

また、路線価は、「宅地」、つまり「建物の敷地」の価額を計算することを想定して各道路に付けられたものですので、建物を建てられることが前提です。それにもかかわらず、建築基準法上の道路ではない通路（法定外道路）にも、路線価が付いていることがあります。

法定外道路にしか接していない土地は、接道義務（No.12「道路に接していない土地」（74ページ））を満たさないため、原則として建物が建てられません。そのため法定外道路に付けられた路線価によりその土地を評価する場合は、この「建築不可」というマイナス要素が路線価に反映されているか、また、周辺の建物建築が可能な道路に付けられた路線価と、十分な価格差が付けられているかどうか検証しなければなりません。その結果、価格差が不十分であると判断される場合は、その路線価を採用せず、無道路地として評価するのが適切とされる場合があります。

「そんな道路、実際にあるの？」とお思いの方もいるかもしれませんが、細い道路、未舗装道路などは、法定外道路であるにもかかわらず、路線価が付いていることがあり、このような通路の路線価を用いて評価が行われていた場合、注意が必要です。

こんな道路に路線価が付いていたら要注意!!

細い道路

未舗装の道路

階段状になっている道路

遊歩道

道幅4m未満の道路に接する土地

道路に接する一定部分が利用できません

建築基準法が定める道路とは、原則として道幅が4m以上のものをいい、これ以外の道路に接する土地には、基本的に、建物を建てることができません。しかし、現実には、道幅が4m未満の道もたくさんあるため、次の条件を満たす場合は、「建築基準法上の道路とみなす」措置が取られます。

①道幅が4m未満である
②建築基準法が適用されたときに、すでに建築物が建ち並んでいた
③自治体の指定を受けている

このような道路は、建築基準法の条文の番号をとって「四十二条二項道路」（以下二項道路）と呼ばれます。

二項道路に面する宅地は、「その道路の中心線から水平距離2m」もしくは「その道路の片側が、がけ地、川、線路等の場合は、そのがけ地等の道路境界線から水平距離4m」後退した線を道路との境界線としなければなりません。これを「セットバック」といいます。セットバックすべき部分には、新たに建物や、門、塀といった構築物を建てることができず、将来、建物を建て替えるときには、道路として提供しなければなりません。セットバックが必要な土地は、土地利用に制限が生じることから、相続税土地評価では、セットバックすべき部分について、そのセットバックがないものとして評価した価額から、70%相当額を控除して評価します。

道幅４ｍ未満の道路（二項道路）に接する土地は、セットバックすべき部分について、そのセットバックがないものとして評価した価額から、70%相当額を控除して評価する。

セットバックの基本的イメージ

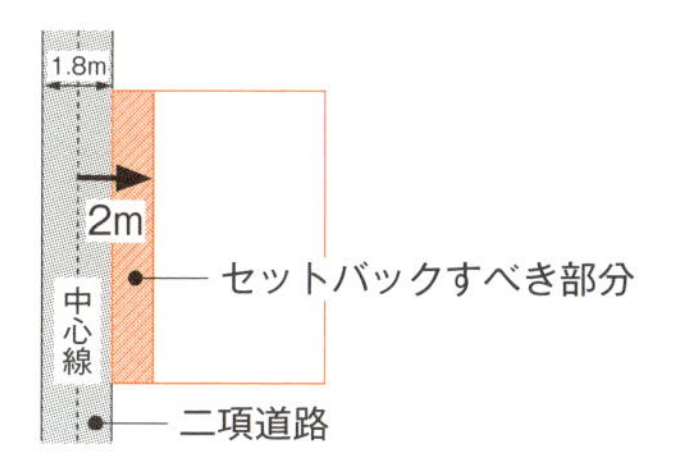

道路の片側が川等の場合のイメージ

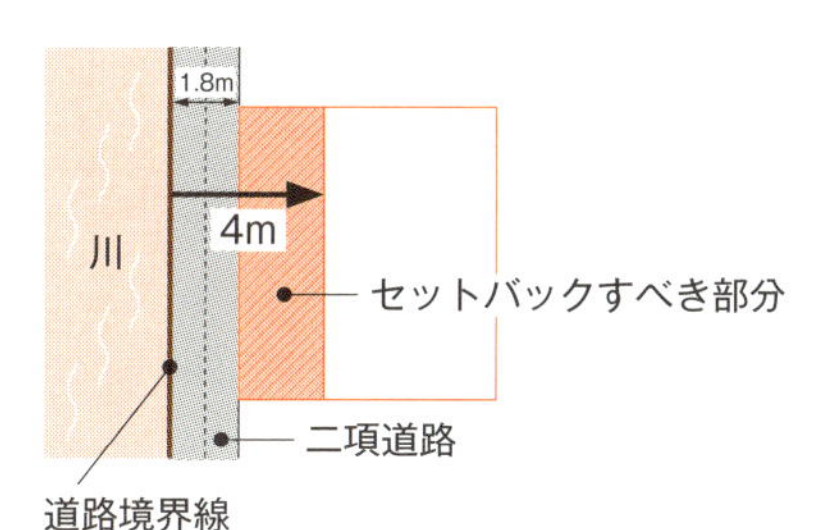

基本事例

路線価 16 万円 /㎡（普通住宅地区）

★当初の評価

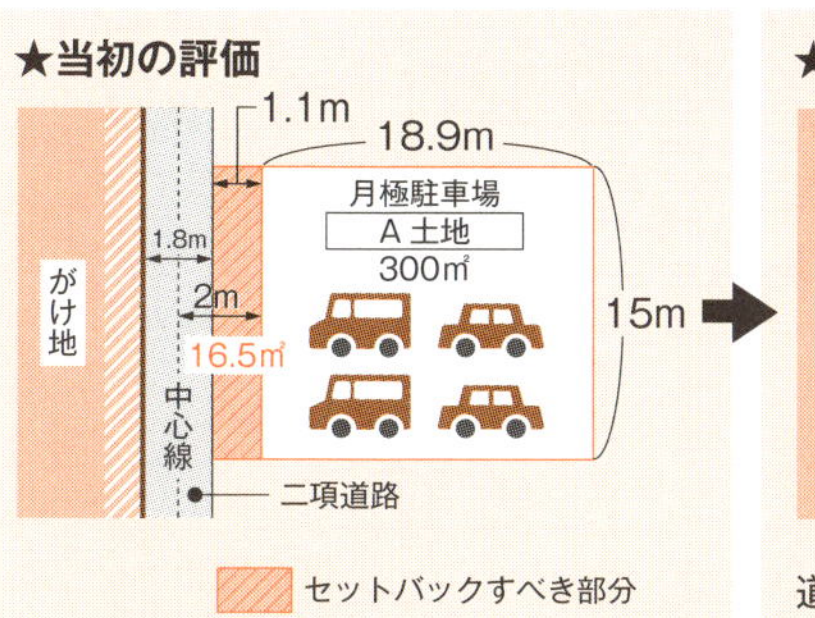

46,152,000 円
（道路中心線から 2m 後退した部分をセットバック部分として設定）

★見直し後の評価

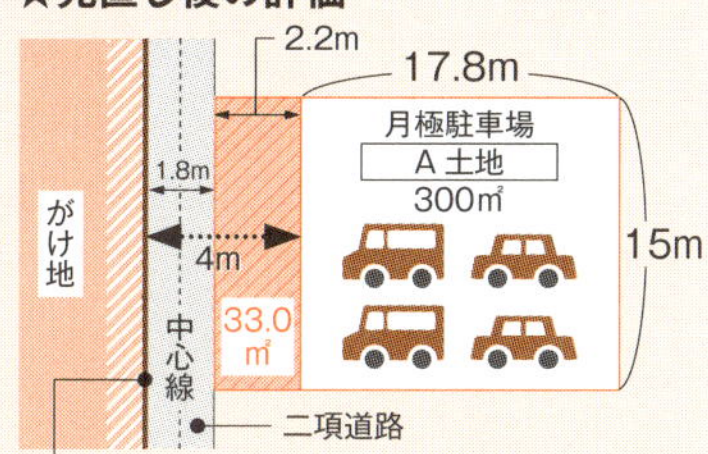

44,304,000 円
（がけ地側の道路境界線から 4m 後退した部分をセットバック部分として設定）

評価差 1,848,000 円
約 60 万円、相続税が安くなった!!

道路との間に水路がある土地

水路があることによる不便を考慮して評価します

土地と道路との間に川や水路があり、それ以外に接する道路がない場合、このままでは接道義務を満たしていないことから、その土地に建物を建てることができません。この場合、自治体から水路占有許可を得た上で、２ｍ以上の幅の橋や暗渠（あんきょ）といったものを設けることにより、建築が認められるケースが大半です。自治体によっては、水路の幅により、許可自体が不要となる場合もあります。

相続税で、水路に橋や暗渠を設けることにより公道と接している土地は、間口が狭く、利用に不便があることから、そのことを考慮して評価額が計算されます。具体的には、宅地部分、橋部分および水路部分を合わせて評価した価額から、橋部分および水路部分を合わせて評価した価額を控除し、それにその土地の間口の狭さ、形の悪さに応じた補正を行って、その土地の評価額とします。

基本事例でＡ土地は、当初、単純に正面路線価に面積をかけて評価されているだけでしたが、現地調査により、水路の上に設けられた橋を通じて土地利用がなされている事実が確認できたことから、評価を改め、その結果、１５２０万円、土地の価額が下がり、約４６０万円、相続税が安くなりました。

なお、水路に橋や暗渠がなく、新たに設置する必要がある場合は、当該橋等の設置に要する費用（見積もり）を前述の評価額から控除して評価します。

道路との間に水路がある土地は、土地所有者の負担で橋などを架設する必要があるほか、間口が狭く、利用に不便があることから、宅地部分、橋部分および水路部分を合わせて評価した価額から、橋部分と水路部分を合わせて評価した価額を控除し、それにその土地の間口の狭さなどを考慮して評価を行う。

基本事例

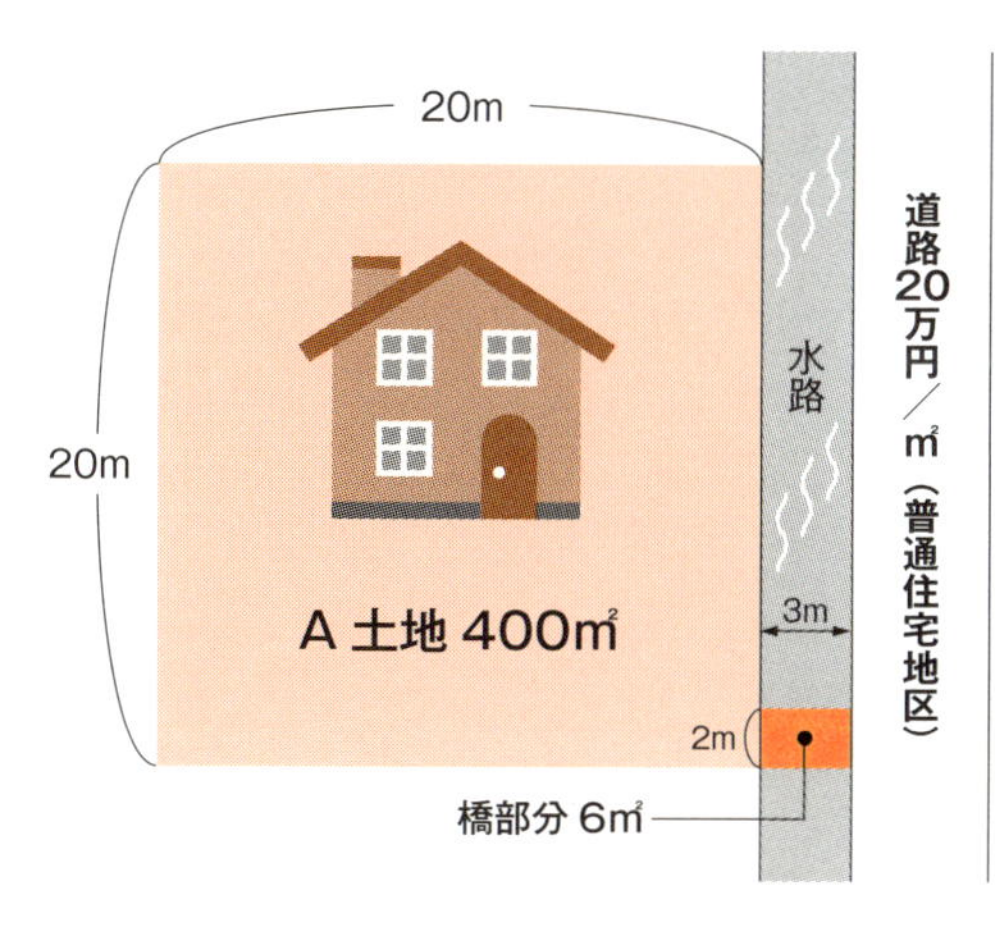

★当初の評価
80,000,000 円
★見直し後の評価
64,800,000 円（水路の上の橋を介した土地であることを考慮して評価）

評価差 15,200,000 円、
約 460 万円、相続税が安くなった!!

私道

通行のために利用される私有地です

人々の通行のために利用される、個人または団体が所有する土地は「私道」と呼ばれ、①「通り抜け私道」のように不特定多数の人が通行する公共性の高いものと、②「行き止まり私道」のように特定の人が通行するものとに二分されます。

私道は私有地ではあるものの、人々の通行に使われ、自由な処分が困難なことから、①の場合、その私道は評価対象外となり、非課税となります。また②の場合は、私道でない宅地として評価した価額の30%相当額で評価します。また、所有者だけが専用利用している路地状敷地については私道に含めず、隣接する宅地と一体のものとして評価します。

②の場合の私道の評価は、それが接する道路に付けられた路線価、またはその私道そのものに設定された「特定路線価」により行います。

特定路線価とは、路線価の設定されていない道路のみに接する土地を評価する場合に、納税義務者からの申請等に基づき、その道路に設定されるものをいいます。原則として、行き止まり私道には路線価が付いていないことから、これを設定するケースがよく見られます。

なお、私道は、固定資産税評価では非課税となっていることが多く、財産として把握されていないにもかかわらず、相続税では財産として計上され、思わぬ納税の負担が生じる場合があります。しかし、前述のように、私道は、評価額がゼロになったり、評価額を落としたりできる場合もあるので、あきらめずに検討することが重要です。

私道には2種類ある。

1 通り抜け私道

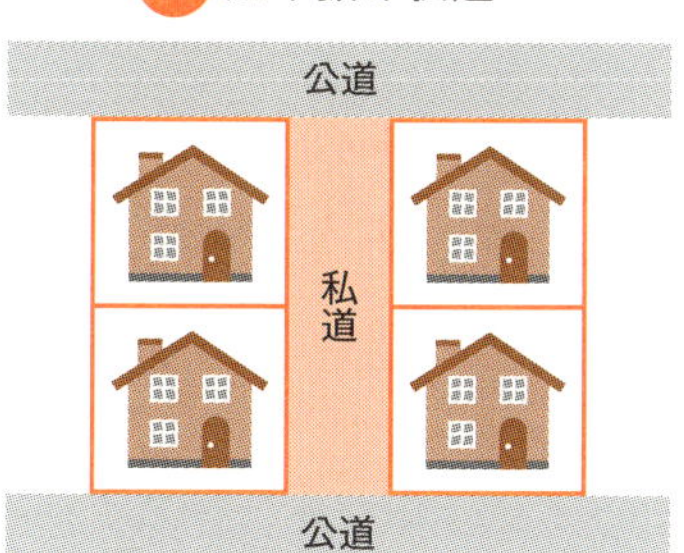

評価対象外とする

2 行き止まり私道

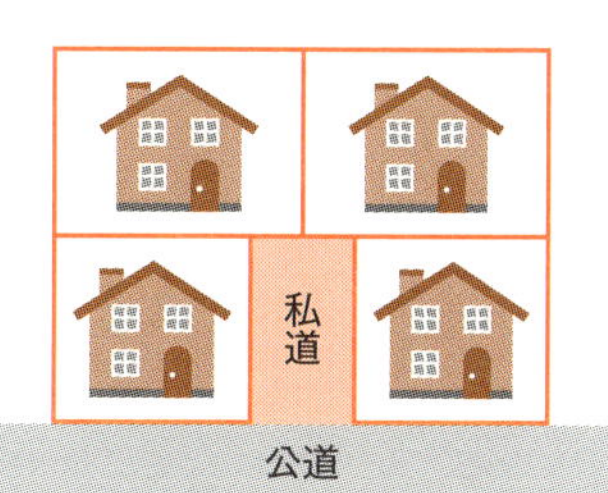

私道でない宅地として
評価した価額の30%相当額で評価

基本事例

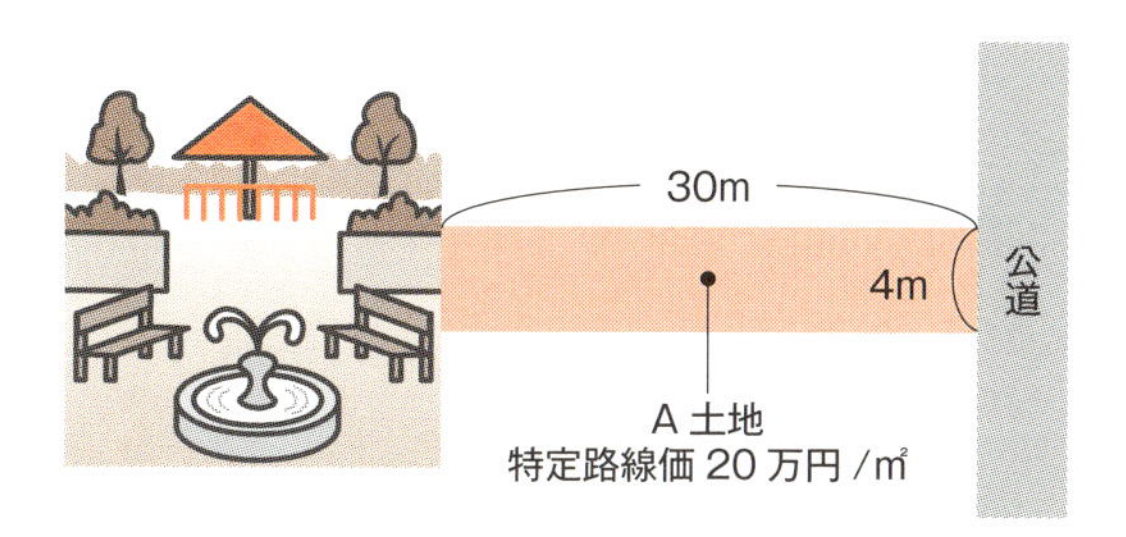

★当初の評価 **7,200,000円**
(行き止まり私道であるとして特定路線価により評価)

★見直し後の評価 **0円**
(奥に公園があり、不特定多数の通行に利用されていることから、評価対象外とする)

評価差7,200,000円、
約220万円、相続税が安くなった!!

容積率の異なる地域にまたがる土地

容積率の影響を計算に組み入れます

宅地は、その宅地の上にどの程度の規模の建築物が建てられるかによって、その価値が大きく変わります。「敷地面積に対する建物の延べ床面積（建築物の各階の床面積の合計）の割合」のことを容積率といいますが、この容積率の大小が、土地価格に影響を与えるのです。

容積率は、都市計画法が定める用途地域ごとに上限が決められており、原則として、その土地が属する用途地域において定められた、容積率を超える建物を建てることはできません。たとえば、容積率が200％の地域で、土地の面積が150㎡なら、建物の延べ床面積が300㎡を超える建物は基本的にNGです。

容積率の制限が緩いほど、より自由度の高い建築が可能であることから、通常、土地の評価額計算の基礎となる路線価にも、容積率の影響が考慮されています。

しかし、容積率は地域によって異なるために、左ページの事例にあるA土地のように、土地が容積率の異なる2以上の地域にまたがることがあります。

そういった場合、実際に使ってよい容積率は、またがっている割合に応じて按分計算する定めになっています。したがって事例の土地の場合、敷地全体の容積率は、前面部分にかかる容積率（400％）より少なくなってしまいます。

そして、甲道路の路線価は、前面部分にかかる容積率のみを反映したものであり、この路線価による評価だけでは敷地全体の容積率が少なくなる事実を、評価額に適切に反映することができません。

　そのため、このような土地を評価する場合、その土地が、容積率の異なる地域にまたがる面積はどの程度か、そして、容積率がどれほど価額に影響を及ぼしているのかを考慮し、一定の減価を行います。

　幹線道路沿いに建つマンションなどは、敷地の前面部分と奥部分が容積率の異なる地域に属していることがよくあり、とくに注意が必要です。


容積率の異なる地域にまたがる土地は、容積率の異なる地域にまたがる面積はどの程度か、容積率がどれほど価額に影響を及ぼしているのかを考慮し、一定の減価を行う。

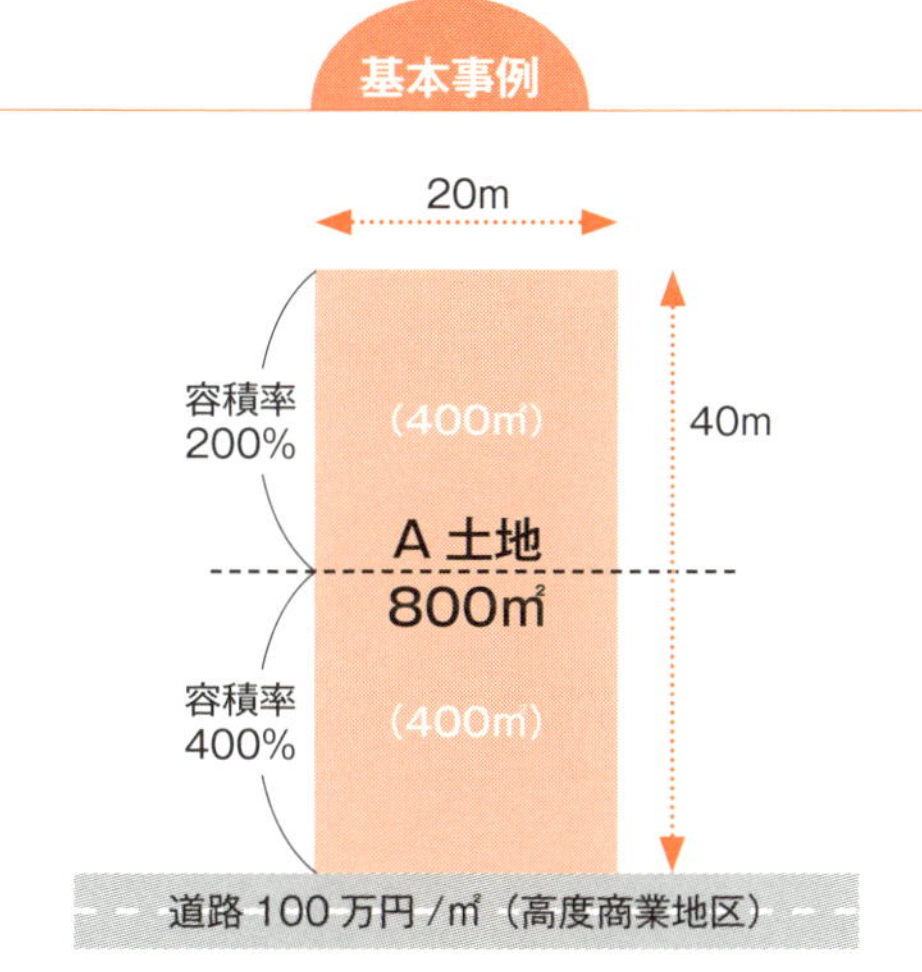

100 万円という路線価は、
容積率 400%を前提として付された路線価。
A 土地の容積率は、
按分計算により 300% となる。

★当初の評価
800,000,000 円
★見直し後の評価
640,000,000 円（容積率 200% の地域の影響を考慮）

評価差 160,000,000 円、
4,800 万円、相続税が安くなった !!

都市計画道路の予定地

長期にわたり利用が制限されることによる減価を行います

道路や公園など都市施設の整備や市街地の開発を目的として、行政は都市計画を定めます。このとき、「この地域に新たな道路（都市計画道路）を通そう」ということで、自己所有地の一部もしくはすべてが、その開発対象地となることがあります。

都市計画道路予定地の区域内にある土地は、いずれは道路用地として収用されることから、建物の建築に制限が加えられ、「2階建て以下で地階を有しないこと」「主要な構造が木造・鉄骨造・コンクリートブロック造等で容易に移転・除去ができること」といった基準を満たす建物以外、原則として建築が許可されません。

また、都市計画は一般に長期にわたることが多く、計画決定から収用されるまで相当の期間を要することから、この間、土地の利用に制限が生じることを考慮し、「その土地が属する地区区分」「その土地の容積率」「道路予定地となる土地の割合」をもとに定められた補正率により、相続税土地評価でも減価を行うこととされています。

なお、相続開始時点で都市計画道路がすでに整備済みである場合には、建築制限が生じないため、評価減は行いません。また、この取扱いは、道路以外の都市計画施設（公園や河川など）でも同様です。

基本事例のA土地は、役所調査を綿密に行った結果、敷地の一部が都市計画道路の予定地にかかることがわかり、それを評価額に反映した結果、約750万円、土地の価額が下がり、約220万円、相続税が安くなりました。

都市計画道路の予定地は、いずれは道路用地として収用されることから、建物の建築に制限が加えられる。さらに、都市計画の決定から実際の収用まで長期に及ぶことが多く、その間、土地利用に制限が生じることから、相続税土地評価でも減価を行う。

基本事例

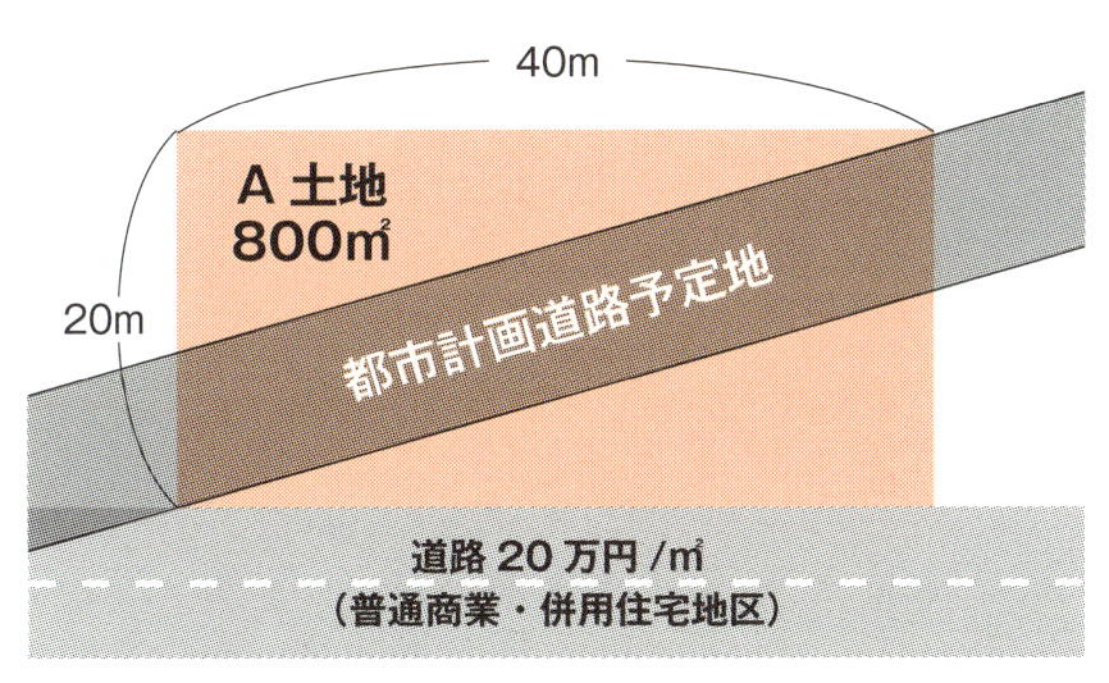

(容積率 300% 未満、地積割合 30%以上 60%未満)

★当初の評価
124,800,000 円
★見直し後の評価
117,312,000 円(都市計画道路の予定地であることを考慮)

評価差 7,488,000 円、
約 220 万円、相続税が安くなった!!

他人の権利が絡む土地

借地権、貸宅地、貸家建付借地権…いろいろあります

わが国では、第三者に建物所有目的で土地を貸すことができます。その場合、「借地権」という権利を、その第三者（土地の借主）と自分（土地の貸主）との間で設定し、地代をいくらにするのか決めます。借地権は、それ自体が財産であり、相続税においても評価の対象となります。

借地権のような他人の権利が絡んでいないまっさらな土地は「自用地」と呼ばれますが、借地権は、評価したい土地を自用地としてまず評価し、それに「借地権割合」と呼ばれるパーセンテージをかけて価額を出します。借地権割合は、路線価図に記載されており、地域ごとに数値が定められています。

また、自用地として評価した場合の金額から、借地権の金額を引いた部分は「貸宅地」と呼ばれます。つまり、借地権は土地の借主の財産権、貸宅地は土地の貸主の財産権です。

さらに、この土地の借主が自分名義の建物を建て、賃貸の用に供した場合、この借地権は「貸家建付借地権」といわれます。この場合、前述の借地権として評価した金額から、「借家権割合」「賃貸割合」をかけ合わせたものをマイナスして評価します。

借家権割合は全国一律で30％、賃貸割合は、相続開始時に貸し付けていた各戸にどれだけ入居があったかを割合で示したもので、アパートで同じ間取りの10部屋のうち、6部屋に入居があった場合、賃貸割合は60％です。

他人の権利が絡むと…

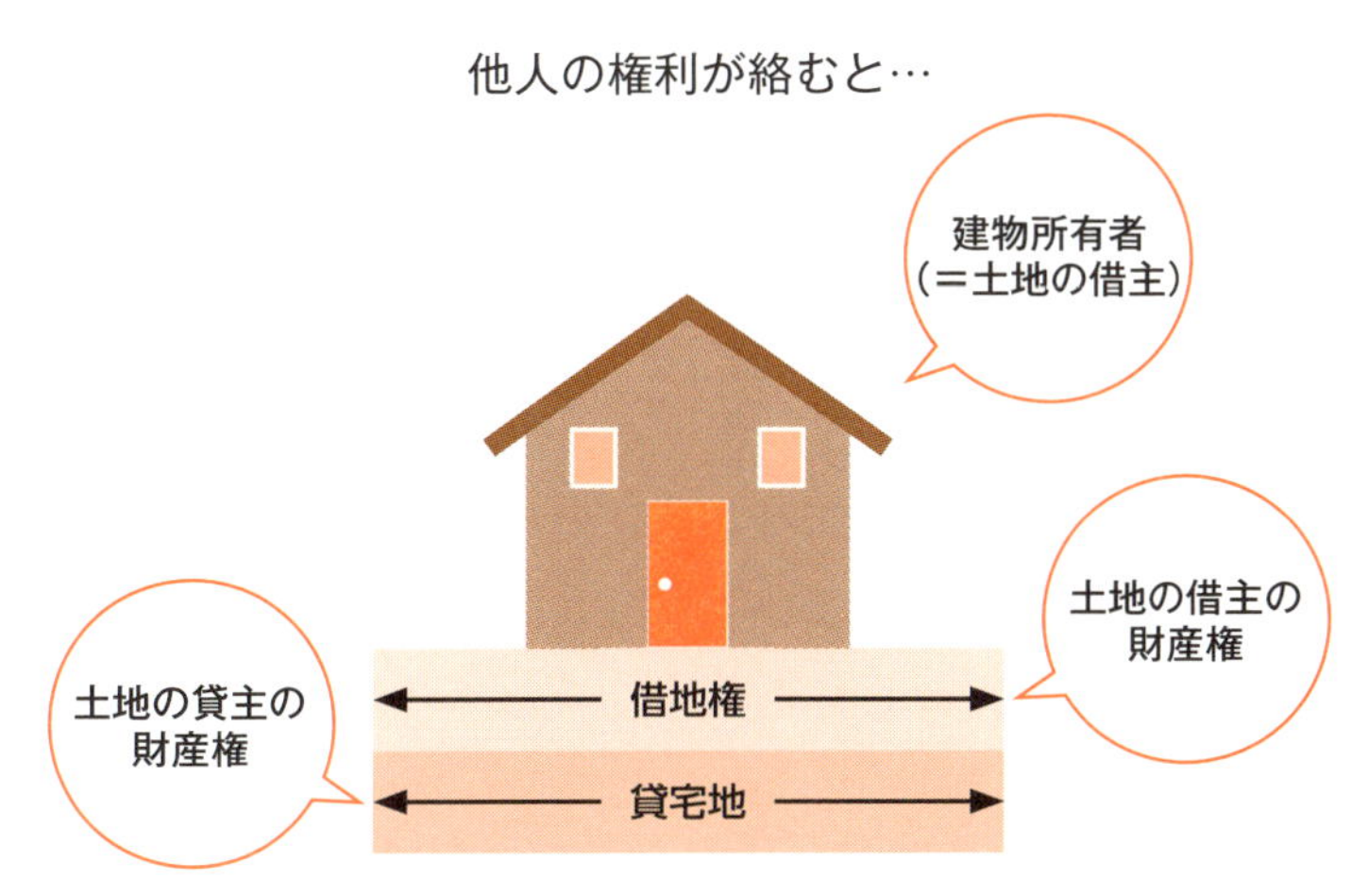

土地の借主が自分名義の建物を建て、賃貸の用に供した場合、
借地権は貸家建付借地権として評価する。

この土地はいくら？

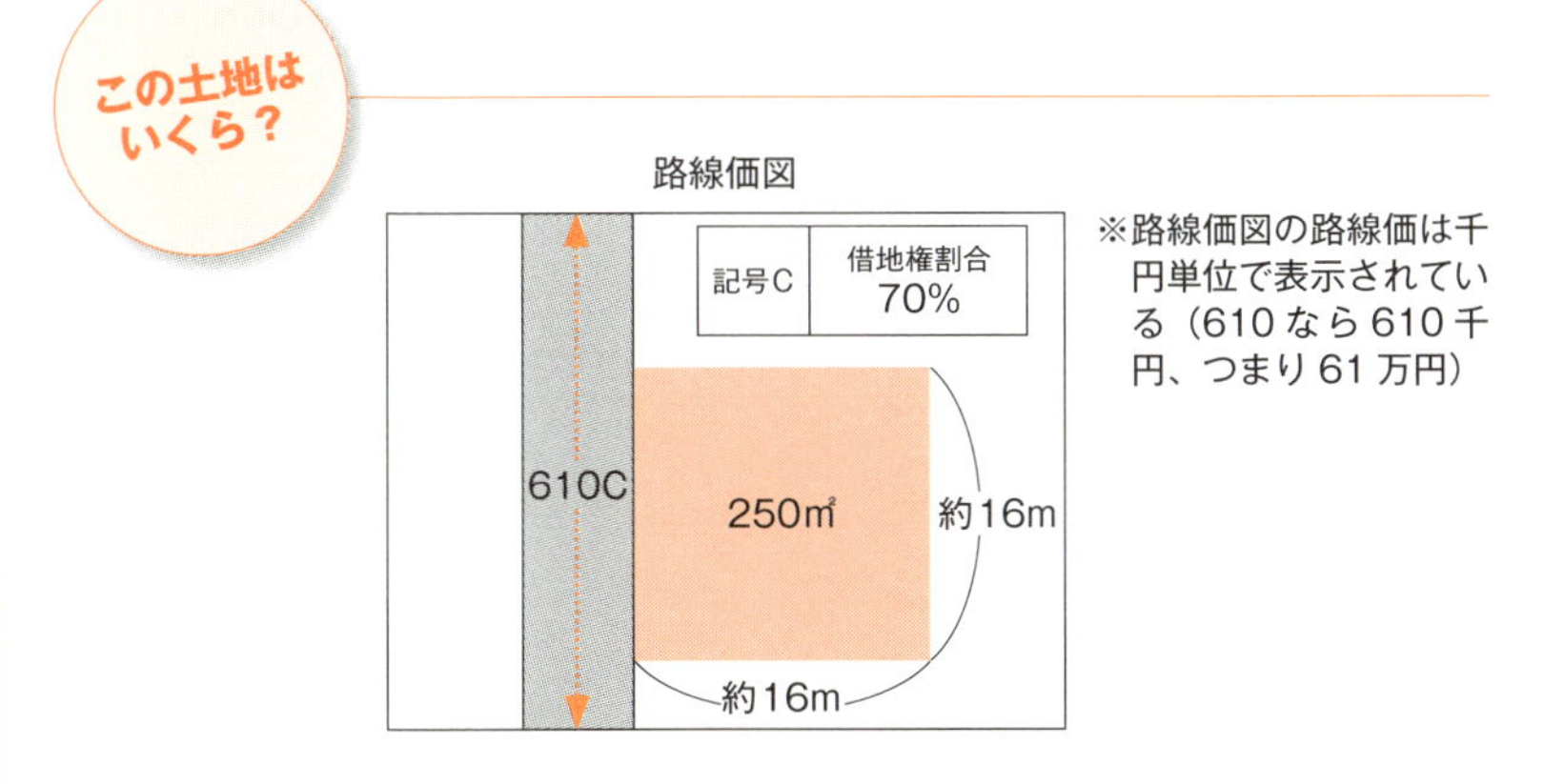

※路線価図の路線価は千円単位で表示されている（610なら610千円、つまり61万円）

自用地だと152,500,000円、借地権だと106,750,000円
貸宅地だと45,750,000円、貸家建付借地権だと74,725,000円

土地に対する権利の性質により、金額が変わる!!

アパートや貸家の敷地

他人の権利が絡むことによる減価を行います

自宅建物の敷地など、他人の権利が絡んでいない土地を「自用地」といいます。また、アパートや賃貸マンションなど、所有する土地に自分で建物を建て、それを第三者に貸している場合、その敷地は「貸家建付地」といいます。

アパートなど賃貸物件の入居者は、法律により保護され、簡単に退去させることができません。その点で貸家建付地は土地利用に制限が生じており、これを考慮した減額を行います。具体的には、自用地として評価した金額から、借地権割合、借家権割合、賃貸割合をかけ合わせたものをマイナスして評価します。借地権割合は東京都の住宅地の場合、60%、70%が多く、借家権割合は全国一律で30%です。賃貸割合とは、相続開始時に貸し付けていた各戸にどれだけ入居があったかを割合で示したものです（No.19「他人の権利が絡む土地」（88ページ））。

賃貸割合については、相続開始時に各戸に空室があったとしても、たとえば、アパートが継続的に賃貸されており、入居者の退去後、速やかに入居者の募集が行われ、かつ新たな入居者が短い期間で決まるなど、空室の期間が一時的であると認められる場合は、相続開始時においても賃貸されていたものとして差し支えないとされています。

貸家建付地は、自用地に比べ、20%程度、価額が下がり、その分、相続税が安くなることから、平成27年の相続税増税とあいまって、近年、相続対策として、所有土地に賃貸アパートや賃貸マンションを建築する例が増えています。

以下のような土地は「貸家建付地」と呼ばれ、
自宅建物の敷地のような「自用地」として評価した価額から、
借地権割合、借家権割合、賃貸割合をかけ合わせたものを
マイナスして評価できる‼

土地は
自分名義

他人が入居

建物は
自分名義

サブリース契約を結んだ貸家の敷地

賃貸割合を100%として計上できます

一般に、賃貸物件は築年数が経過すると価値が低下し、空室が増えます。そこでたとえば、10年後の相続と空室リスクを見越して、サブリース契約を結ぶ選択をする方もいます。

サブリースとは、賃貸用物件のオーナーから、住宅建築メーカーや不動産会社など事業会社が、その物件を一括借り上げして運営管理を引き受け、それを入居者へ転貸して、賃料収入の一定割合を保証賃料としてオーナーに支払う賃貸システムをいいます。とくに住宅建築メーカーによるものは、新規の貸家建築とサブリースを組み合わせたプランが多く見られます。

相続税では、サブリース契約を結んでいる建物の敷地は、「貸家建付地」（No.20「アパートや貸家の敷地」（90ページ）を参照）として評価します。ただし、事業会社が一括して借り受ける形になるため、たとえ実際の入居割合が50%であったとしても、賃貸割合を100%として計上することが可能です。

サブリース契約を結んでいる賃貸建物の敷地は、貸家建付地として評価する。この場合、空室がある場合でも、賃貸割合を100%として計上することができる!!

サブリースの仕組み

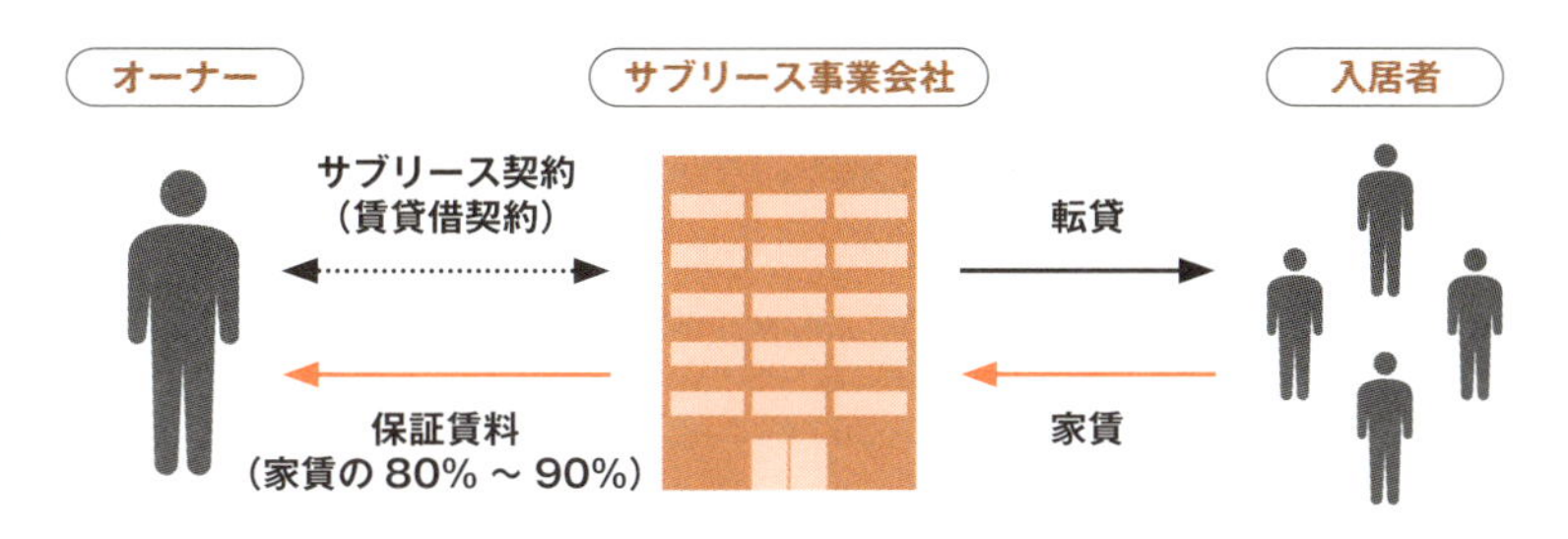

アパートの各戸の間取りが同じ場合、このアパートの敷地の賃貸割合は60%となるが、サブリース事業会社とサブリース契約を結んでいる場合、100%となる。

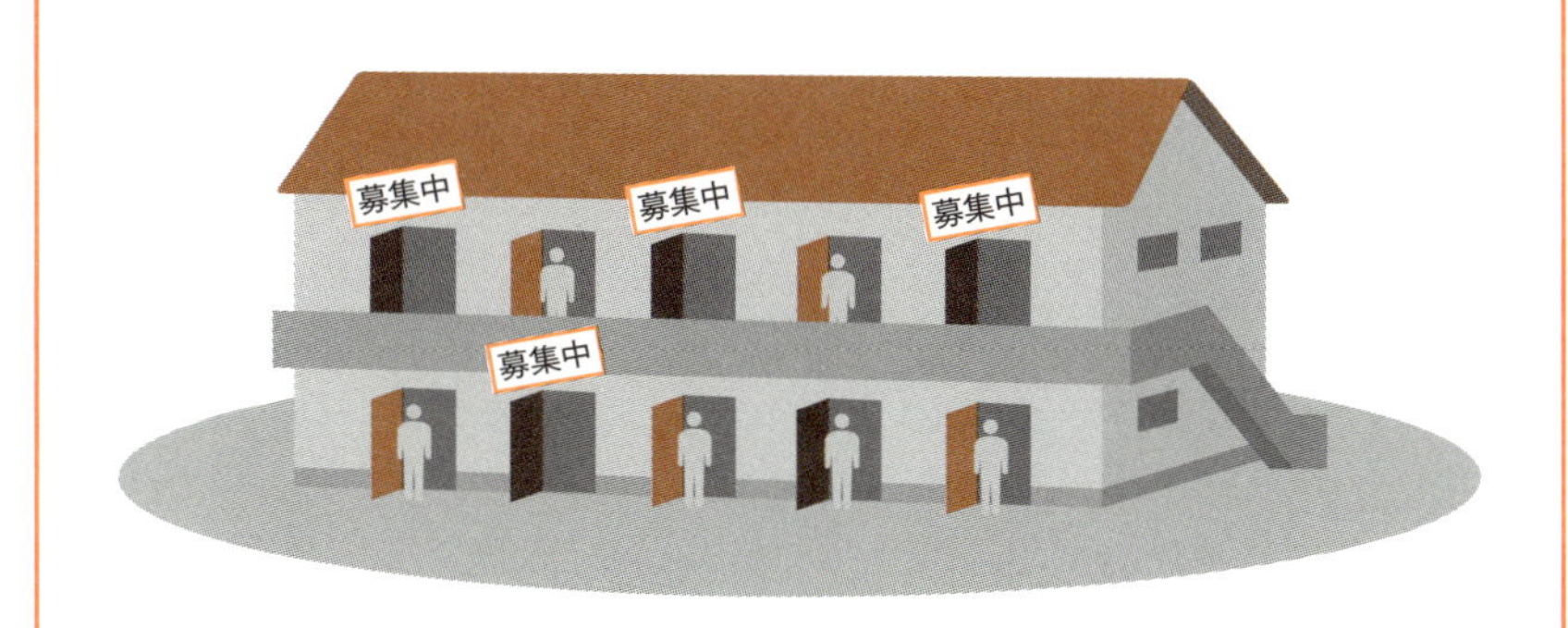

アパート経営とサブリース契約

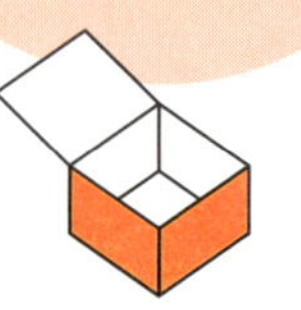

国土交通省が発表したアパートなどの貸家の新設住宅着工戸数は、平成30年が39万6404戸と前年比5・5%の減少となり、6年連続の増加に歯止めがかかりました。なお、着工戸数の前年比伸び率トップは山形県（26・4%）、第2位が熊本県（23・2%）、第3位が福井県（17・1%）です。

これまで地方をはじめ、全国で貸家の新設が進んできた背景には、平成27年より、相続税の基礎控除が大幅に引き下げられたことがあります。№21「サブリース契約を結んだ貸家の敷地」（92ページ）に書いたように、貸家の敷地は、貸家建付地として評価減が図れるほか、建物も固定資産税評価額での評価となることから時価の40%から60%となるうえ、さらに借家権として30%程度、評価を下げることができ、結果的に相続税を安くすることができます。そのため、節税対策として、アパート経営に乗り出す人々が増えました。

さらに、市況の影響も見逃せません。日本銀行は平成28年1月にマイナス金利政策の採用を発表し、それ以前から継続されている大規模な金融緩和も合わせて、市場に莫大な資金が流入し続けています。その行き先のひとつが、賃貸住宅の建築や購入のためのアパートローン。つまり、金利が低く、ローンが比較的、組みやすいことから、アパート建築を決断する人が増えたのです。

しかし、その後、スルガ銀行の問題等で金融庁の目が厳しくなり、アパートローンの貸付審査が厳しくなったため、着工件数が伸び悩んだと見られます。

サブリース契約にはとくに用心を

ローンを組んで建物を建築した場合、毎月の返済に見合うだけの家賃収入を得ることが前提となります。その中で問題となるのが「空室率」ですが、全国区で見た場合、空室率は平成10年の19・3％から平成25年には23・2％（総務省統計局、住宅・土地統計調査）と増加傾向にあり、アパート経営に対するリスクは低くありません。

このような中で賃貸経営を行っていこうとする場合、№21でふれた「サブリース契約」は魅力的に見えます。

なぜなら、サブリースには、オーナーにとっては次のようなメリットがあるからです。

①空室があってもその分の収入も保証され、空室のリスクを回避できる

②アパートを新たに建築する場合、サブリースによって収入のめどが立つため、ローンが通りやすい

③募集から契約、入居後の管理まで事業会社が

平成30年に着工した新設貸家戸数
（都道府県別・対前年比順）

順位	都道府県	戸数	前年比（%）
1	山形県	2,322	26.4
2	熊本県	7,348	23.2
3	福井県	1,450	17.1
4	鳥取県	1,110	15.4
5	長野県	3,859	9.4
6	山口県	3,056	7.9
7	三重県	3,880	7.1
8	岩手県	3,341	5.7
9	大分県	3,122	4.1
10	愛知県	27,107	3.2
	全都道府県	396,404	－5.5

国土交通省、平成30年計住宅着工統計

行うので、入居者と直接関わる必要がない
④万が一、入居者との間に訴訟が起きても、事業会社が引き受けるため、手間がない

しかし、サブリースにまつわるトラブルも少なくありません。サブリース被害者支援団体によれば、「『30年一括借り上げで、一定した賃料を受領できる』というから契約したのに、10年経過後に賃料の減額を求められた」「当初説明されていない修繕費や負担金の出費を求められ、これを断ったところ、中途解約された」といった相談が寄せられるといいます。

サブリースには、こうしたリスクがあることは、肝に銘じておかねばなりません。

ものごとは多面的に見よう

「アパート経営以外で、いい相続対策ってあるの？」と思われた方、事業会社と定期借地権契

管理戸数とサブリース戸数の推移

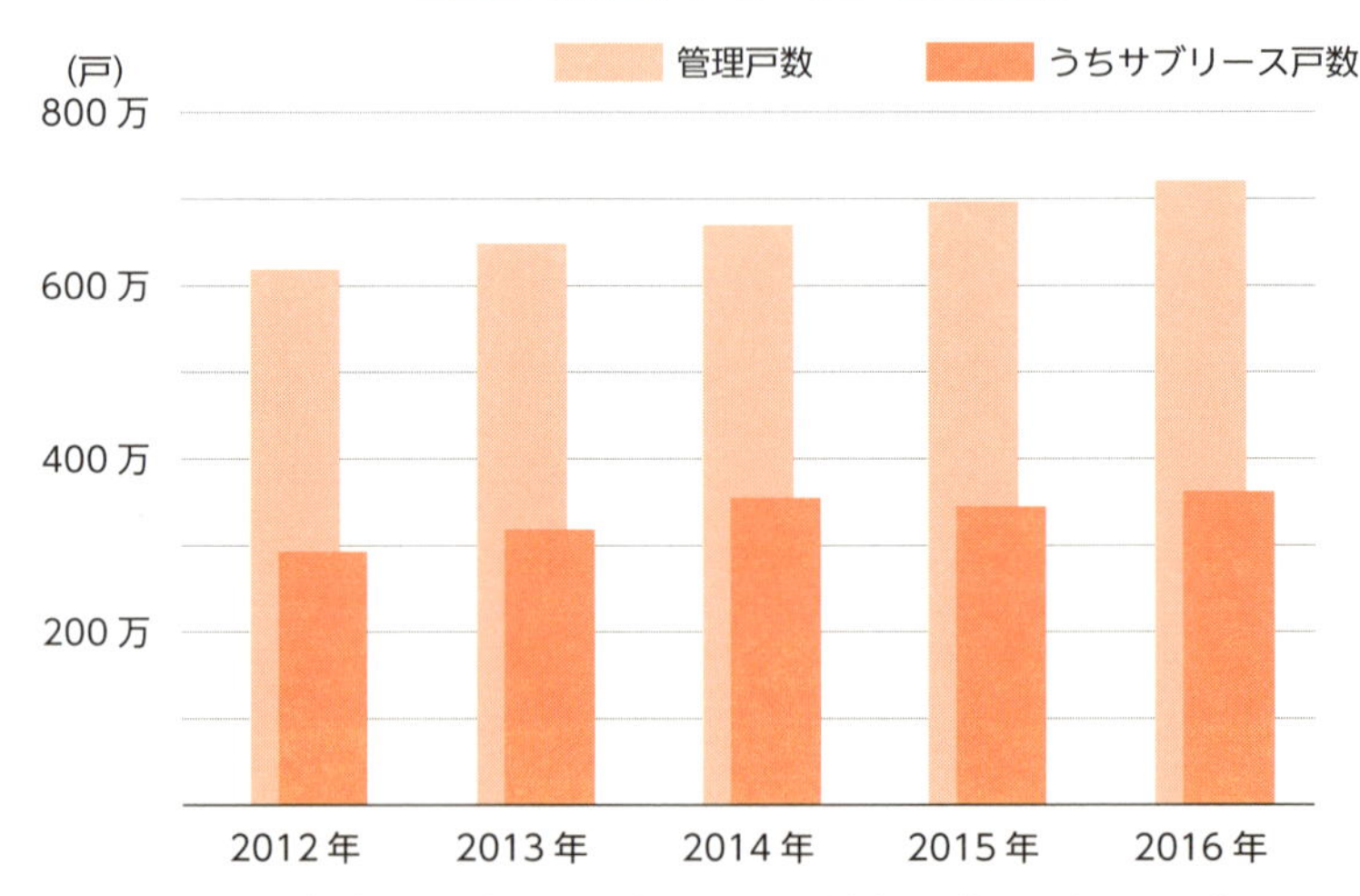

数値は、株式会社全国賃貸住宅新聞社が毎年夏に発表している、不動産会社の「管理戸数ランキング」のうち、上位300社の賃貸物件の管理戸数を合算したもの（うち濃い色地はサブリース契約による管理戸数）（週刊全国賃貸住宅新聞より作成）

約を結ぶ方法はいかがでしょうか。50年後に土地を返してもらう契約を結べば、賃貸経営にあるリスクを負うことなく、地代収入を得ることが可能です。また、定期借地権を設定すると、自用地に比べて土地の評価額が下がるために、結果的に節税にもなります。

ほかにも、賃貸経営を検討しているが、駅から遠い、田舎にあるなど、立地的な弱さを抱える土地ということであるならば、それを売却し、都市圏に土地を買い直すことがよい場合もあります。

自分にとって、本当に役立つ相続対策は何なのか、多面的に検討することが必要です。

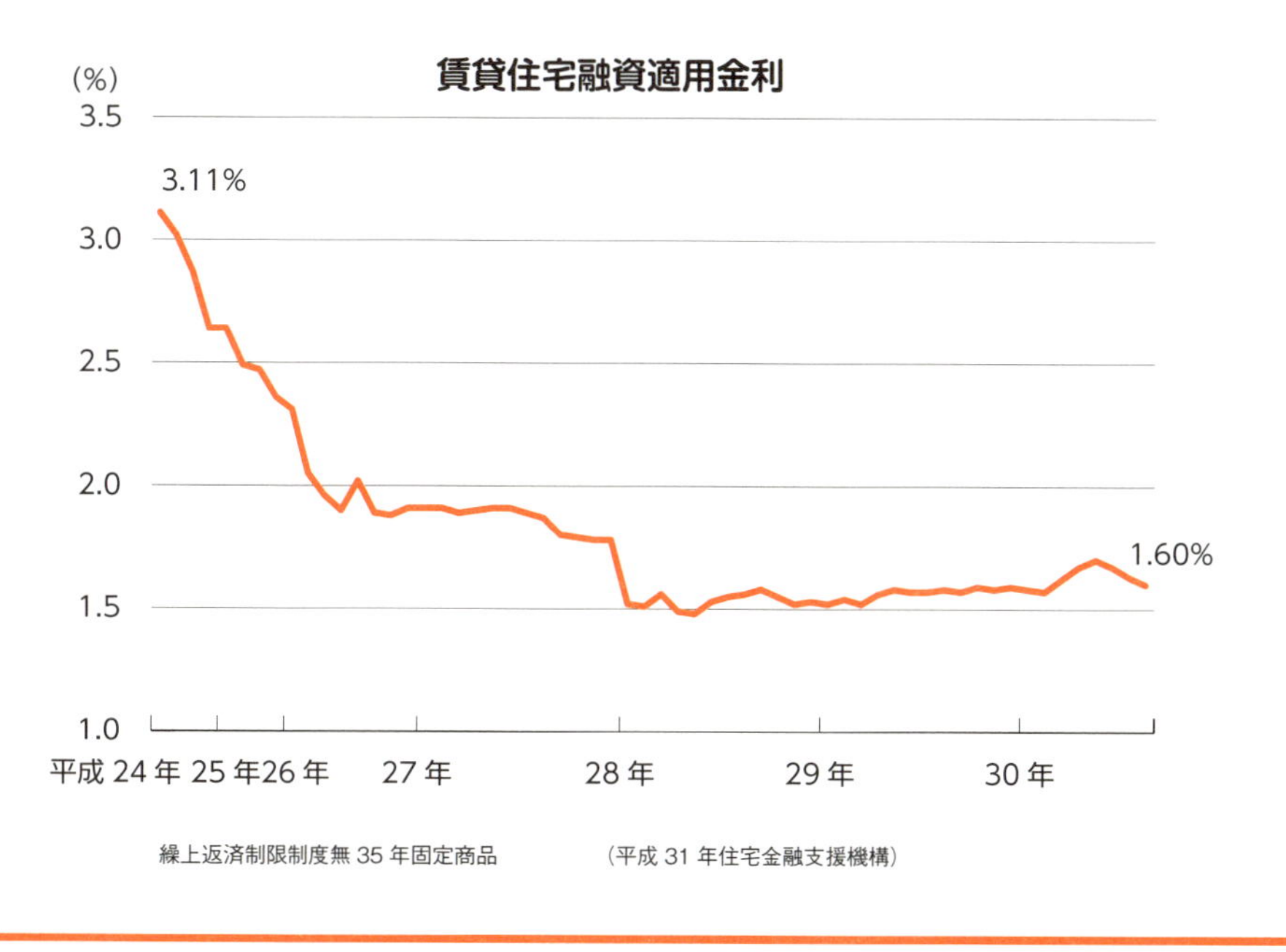

地下にトンネルが通っている土地

建築制限が生じるため、一定の減価を行います

土地の所有権は、地上面だけでなく、「その土地の上下に及ぶ」とされています。そのため、上空に鉄道の高架を設置する、地下に高速道路のトンネルを通すといった場合、原則として、その土地の所有者の承諾を得ねばなりません。

その際は、「区分地上権設定契約」が土地所有者と事業者の間で交わされます。「区分地上権」とは、その土地の上下を部分的に利用する権利のことで、たとえば地下にトンネルを通す場合、契約が結ばれると、トンネルが通る地下の地上部分が分筆され、そこに区分地上権が登記されます。

区分地上権が設定されると、権利の設定範囲に到達する建物の基礎杭の設置、トンネルにダメージを与える過重な高階層の建物の建築、権利の設定範囲に影響する一定以上の掘削といったことが制限されます。

こうした土地利用の制限が生じることを考慮して、相続税では、区分地上権の目的となっている土地は、地下のトンネル等の所有を目的として設定された区分地上権の場合、区分地上権等の権利がないものとして評価した価額の30%を区分地上権の価額として、その評価額から差し引くことができます。

基本事例のA土地は、地下に高速道路のトンネルが通っており、そのことによる区分地上権が設定されていたにもかかわらず、適当な減価がなされていませんでした。そのため見直しを行い、結果として、３００万円、土地の金額が下がり、90万円、相続税が安くなりました。

地下にトンネルが通っている土地は、
区分地上権が設定され、こんなことが制限されます。

❶ 権利の設定範囲に到達する建物の基礎杭の設置

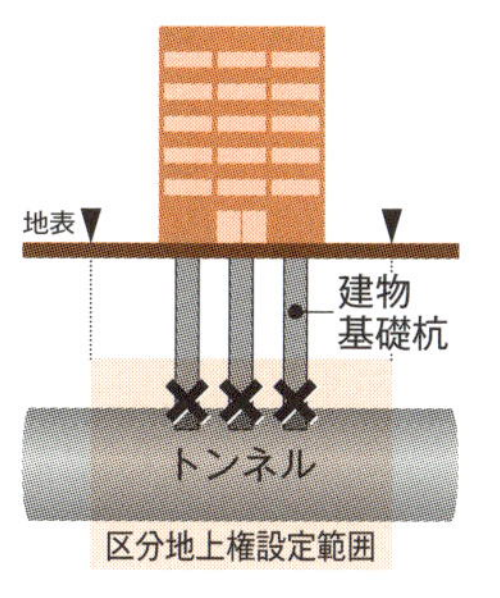

❷ 過重な高階層の建物の建築

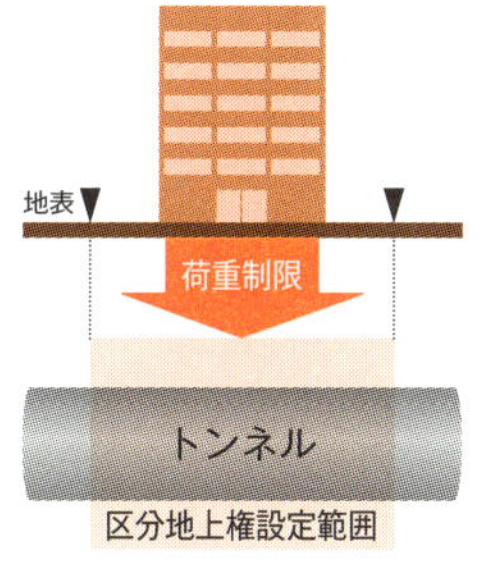

❸ 権利の設定範囲に影響する一定以上の掘削

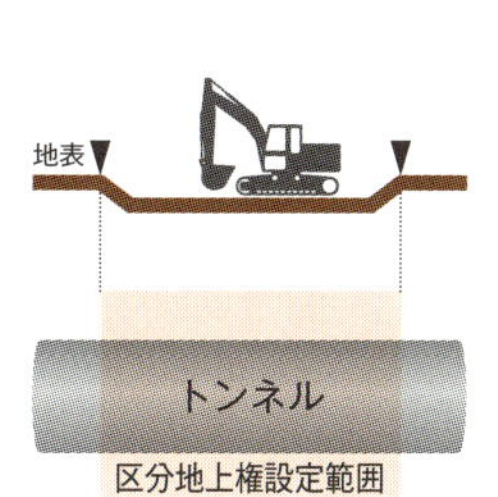

基本事例

（上から見た図）

道路（地表面）10万円/㎡（普通住宅地区）
A土地
家
10m
10m
10m
トンネルの範囲

（横から見た図）

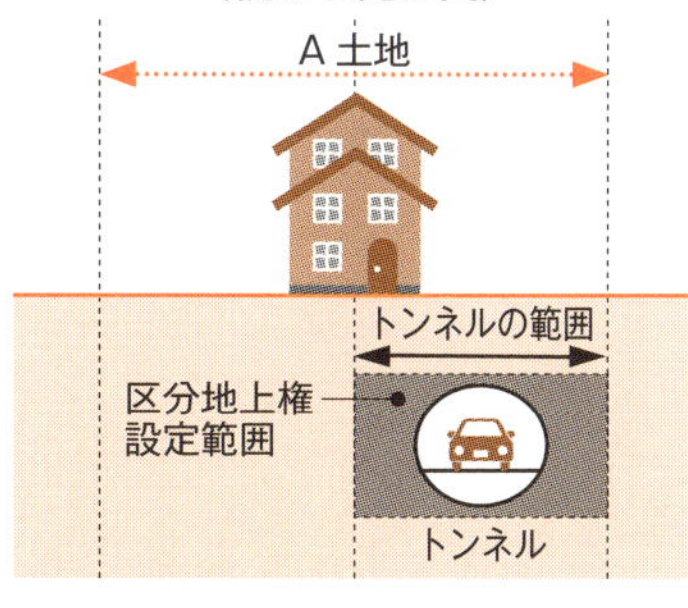

★当初の評価　　20,000,000 円
★見直し後の評価　17,000,000 円
（区分地上権が設定されていることを考慮）

評価差 3,000,000 円、
90 万円、相続税が安くなった!!

上空に高圧線が通っている土地

地役権の登記がされていないと見落とすケースも

高圧線が宅地の上空を通る場合、電力会社と線下の土地所有者が、送電線架設保持に関する「線下補償契約」を結び、電力会社に土地の部分利用を認めることが一般的です。この際、送電線にかかる土地部分を分筆し、そこに「地役権（自己の土地の便益のために他人の土地を利用する権利）」を設定する場合と、契約のみ取り交わし、地役権が設定されない場合とがあります。

上空に高圧線が通ると、安全の確保のため、線下の建物には高さなど一定の建築制限が加えられます。土地利用に制限が生じるという点で、相続税土地評価でも減価が行われ、「家屋の構造用途等に制限を受ける場合」は30%、「家屋の建築がまったくできない場合」は50%とその土地に適用される借地権割合を比較し、いずれか高い方の割合を、その土地の価額から控除します。

高圧線下にある宅地は、地役権の登記がされていれば、土地の登記情報を確認することで減額要素に容易に気づけますが、線下補償契約のみで地役権の登記がされない場合、現地調査を怠ると、減額要素を見落としてしまうことがあり、この点、とくに注意が必要です。

また、この減額は、高圧線により「建物建築に制限が生じる」点を考慮して定められたものであり、建物の建築を前提としない農地や山林といった土地については、適用がないものとされています。

上空に高圧線が通っている土地は、

・家屋の構造、用途等に制限を受ける場合…30%
・家屋の建築がまったくできない場合…50% と
その土地に適用される借地権割合のいずれか高い割合

これらを考慮した価額を、その土地の価額から控除できる!!

基本事例

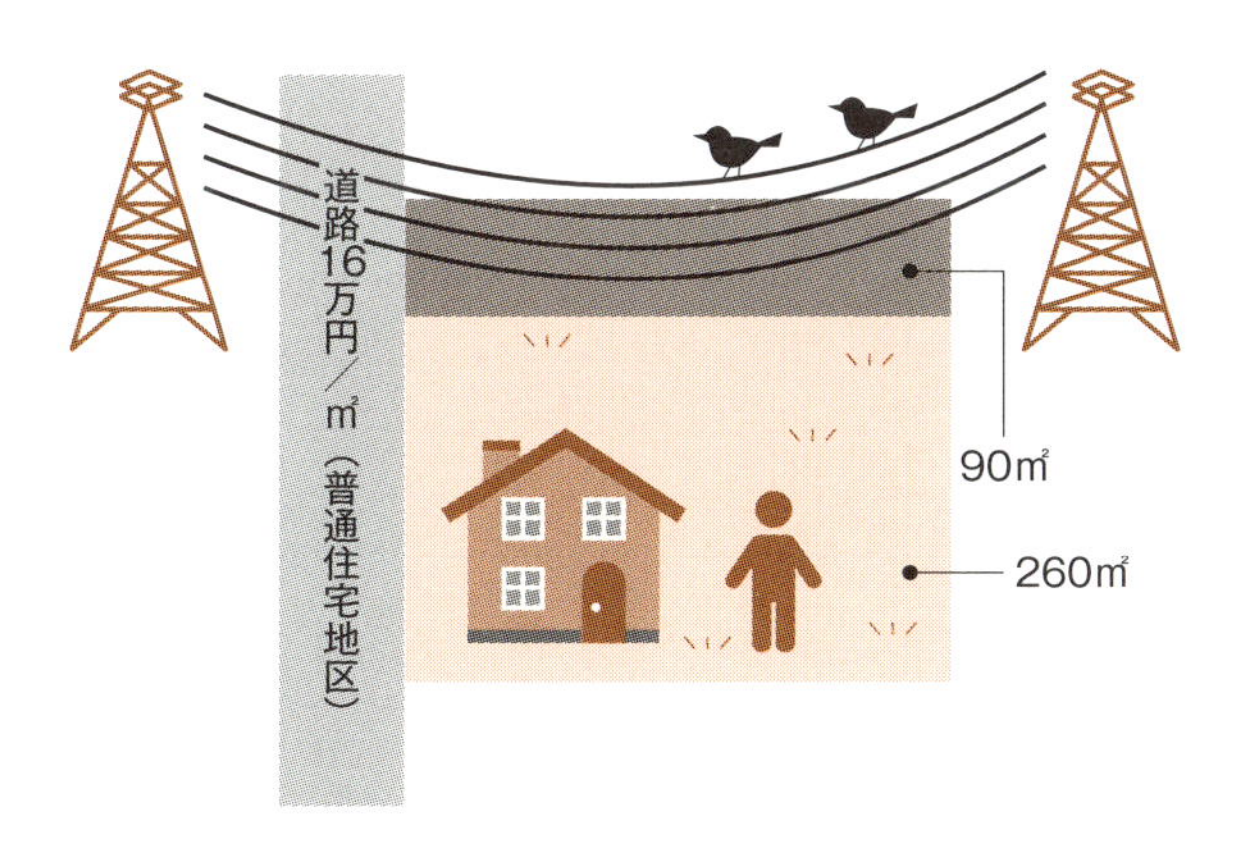

★当初の評価
56,000,000 円
★見直し後の評価
51,680,000 円（家屋の構造、用途等に制限を受ける場合に該当）

評価差 4,320,000 円、
約 130 万円、相続税が安くなった!!

騒音・震動のある土地

利用価値の低下を考慮して評価額が下がることも

騒音や震動は、住環境にとってはマイナス要素です。たとえば、住宅街で、電車の往来の激しい線路に接している場合、その土地の取引価格にも影響があることが少なくありません。

相続税の土地評価では、騒音、震動が甚だしいなど、付近に比べてその利用価値が著しく低下していると認められる「宅地」は、利用価値が低下している部分について、評価額の10%を控除することができるとされています。ただし、路線価がそのマイナス要因を考慮したうえで付けられている場合には適用できません。また、その要因が土地の価格にどれほどの影響を及ぼすのかといったことも考慮したうえで、減額が適用できるかどうかが判断されます。

一般に、騒音や震動というのは主観的要素が絡むものなので、減額要素として評価に組み入れてよいものか判断が難しい点があるかもしれません。そこで、実務では、裁決事例や、環境省による「騒音にかかる環境基準」、またこれをもとにした、各自治体が定める騒音についての環境基準を判断の参考とします。たとえば、東京都の場合、第1種住居地域の昼間の騒音の基準は、原則「55デシベル以下」とされています。

左の事例でA土地は、同一の路線に接し、かつ鉄道から離れた比較地に比べ、騒音が著しいにもかかわらず同一路線価が付けられていることから、路線価に騒音による減額要因が織り込まれていないと判断、減価を行った結果、300万円、土地の価額が下がり、90万円、相続税が安くなりました。

「騒音・震動が甚だしい」など付近に比べてその利用価値が著しく低下していると認められる宅地は、その評価額の 10% を控除することができる!!

基本事例

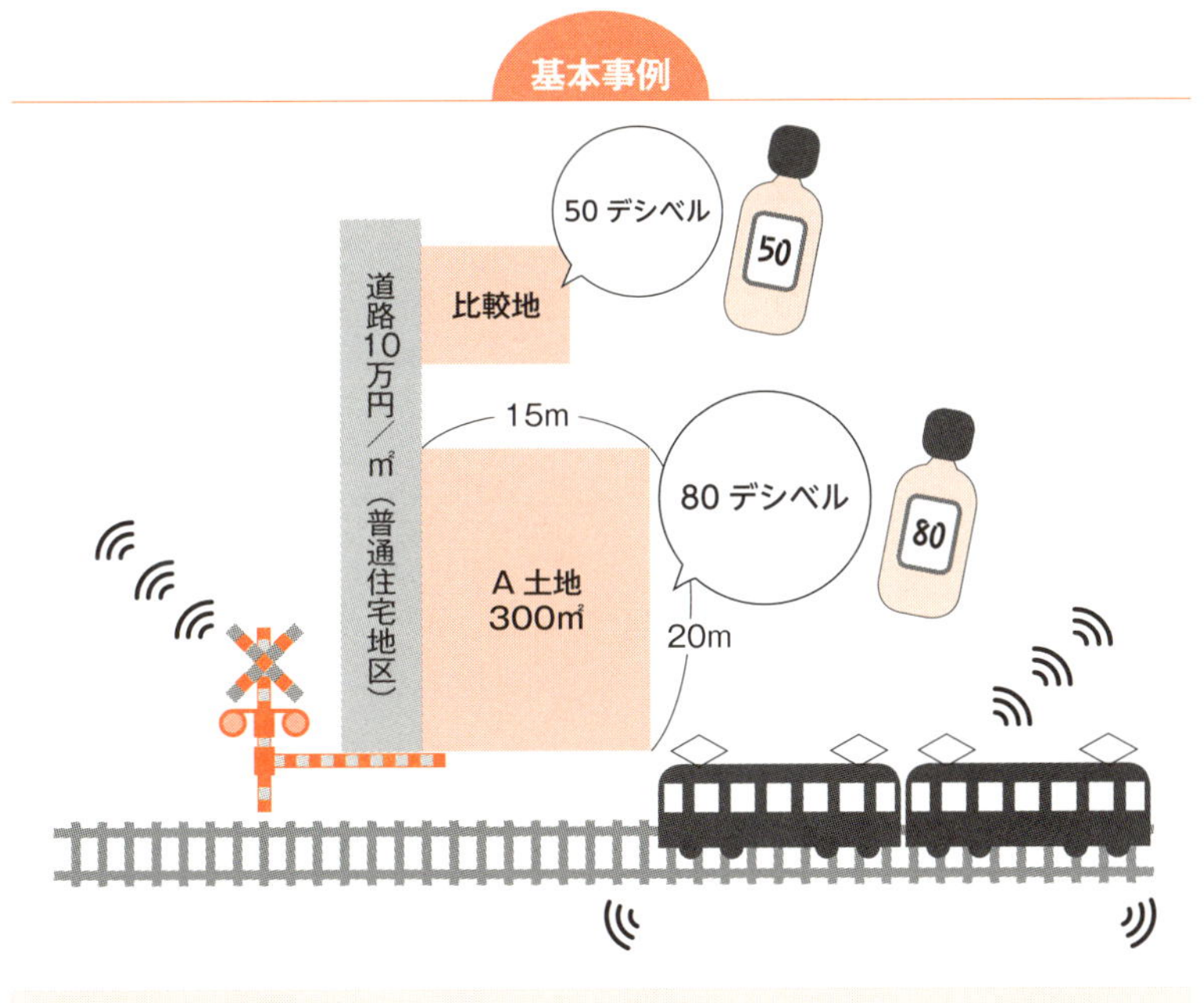

★当初の評価
30,000,000 円

★見直し後の評価
27,000,000 円(同一路線に接する比較地と A 土地を比較し、かなりの騒音差にもかかわらず、路線価が同じであることから、路線価に騒音による減額要因が織り込まれていないと判断、当初の評価額から 10% を控除)

評価差 3,000,000 円、
90 万円、相続税が安くなった!!

高低差のある土地など

減額が認められることがあります

評価しようとする宅地の利用価値が、付近に比べて著しく低下していると認められる宅地は、利用価値が低下している部分について、評価額の10％を控除できるとされています。このような土地の例としては、No.24「騒音・震動のある土地」（102ページ）のほか、次のようなものがあります。

①道路より高い位置または低い位置にある宅地で、その付近にある宅地に比べて高低差が著しいもの
②地盤に甚だしい凹凸がある宅地
③日照阻害、臭気、忌み（墓地）等により、その取引金額に影響があると認められるもの

ただし、①から③に該当する場合であっても、評価したい土地と周辺の土地の利用価値の低下が同程度の場合には、この評価方法は適用できません。

また、①から③に該当しない場合であっても、付近の土地と比較して、利用価値が低下していると認められる事象が特別に存在する場合は、本方法を適用して評価することが可能です。たとえば、過去に暴力団事務所に隣接する土地で、度重なる建築妨害を受けている案件に本評価を適用し、税務署に認められたケースがあります。

①については、道路面よりやや高い位置にある土地は、眺望の観点からその利用価値がむしろ上がることもあることから、著しい利用価値の低下があるかどうかは、個別に判断していく必要があります。

こんな土地でも評価減できる場合があります!!

著しく高低差のある土地

墓地の隣りにある土地

臭いのひどい土地

土壌汚染のある土地

土地所有者の負担に応じた減価を行います

クリーニング店やガソリンスタンド、化学工場などの敷地は、長年の稼働により、人体に健康被害を及ぼす有害物質を蓄積してしまうことがあります。またかつて農地や山林だった土地を造成した場合、運び込まれた土壌中に汚染物質が含まれている場合があります。

国の法律では、土壌汚染による健康被害の恐れがある場合は、原則として、その土地の所有者の負担により調査を行わねばならず、それにより汚染が発覚した場合は、その除去費用も土地所有者が負わねばなりません。

除去費用が土地の実勢価格を上回るケースもあり、土地所有者の負担が大きくなりやすいことから、相続税でこのような土地を評価する場合、土壌汚染がないものとして評価した金額から、「浄化・改善費用に相当する金額」などを減額することができるとされています。

この「浄化・改善費用に相当する金額」とは、土壌汚染の除去、遮水工封じ込めといった工事にかかる費用の80%相当額をいいます。

なお、この評価方法は、相続が開始した時点で、「土壌が汚染されていることがわかっている」場合に適用でき、同時点において「土壌汚染の可能性がある」など潜在的な段階の場合、また相続開始前に土壌汚染の浄化にかかる費用をすでに負担している場合には適用できません。

土壌汚染のある土地は、土壌汚染がないものとして評価した価額から、「浄化・改善費用に相当する金額」などを控除することができる‼

クリーニング店　ガソリンスタンド　化学工場　造成地

こういう土地は土壌汚染があるかも！

基本事例

20m
10m
A 土地
200㎡
道路 12 万円 /㎡（中小工場地区）

★当初の評価　23,040,000 円

★見直し後の評価　15,040,000 円

（周辺土地所有者から土壌汚染が発覚したことによる訴訟が工場経営会社に提起されており、A 土地でも調査を行ったところ、汚染が確認された。その直後に相続が発生したため、「浄化・改善費用に相当する額」を計算して当初の評価額から控除）

評価差 8,000,000 円、
240 万円、相続税が安くなった‼

埋蔵文化財のある土地

「はにわ」が地中から出てきたら要注意？

土地が周知の埋蔵文化財包蔵地であることは、土地の資産価値にマイナスの影響を及ぼすと考えられることから、相続税土地評価では、No.26「土壌汚染のある土地」（106ページ）の評価に準じて、発掘調査費の80％を、埋蔵文化財のない土地とした場合の価額から控除することができます。

ただし、発掘調査費の減額は、相続開始時点でその土地に埋蔵文化財があることが確定的で、かつ発掘調査費が負担されていない場合のみ可能です。埋蔵文化財があることが潜在的な段階、もしくはすでに調査費が支払われている場合には、この評価方法は適用できませんので、注意しましょう。

自治体では、地域の遺跡に関する情報を集め、何らかの遺構があると考えられる範囲を、「周知の埋蔵文化財包蔵地」として情報公開しています。そして、自分の土地が周知の埋蔵文化財包蔵地に該当する場合、注意が必要です。

その土地で遺跡に関する調査がまだ行われていない段階で、宅地開発等、土木工事を行う場合には、教育委員会に届出を行う必要があります。書類審査で調査が必要とされれば試掘が行われ、その結果、工事が埋蔵文化財に影響すると判断された場合、本掘が行われることになります。

調査中は工事が中断するほか、これから建てようとする建物がアパート等、事業目的のものである場合、調査費用は原則、土地所有者の負担となります。

行政では、文化財地図などを作成し、
周知の埋蔵文化財包蔵地、文化財の情報を公開している。

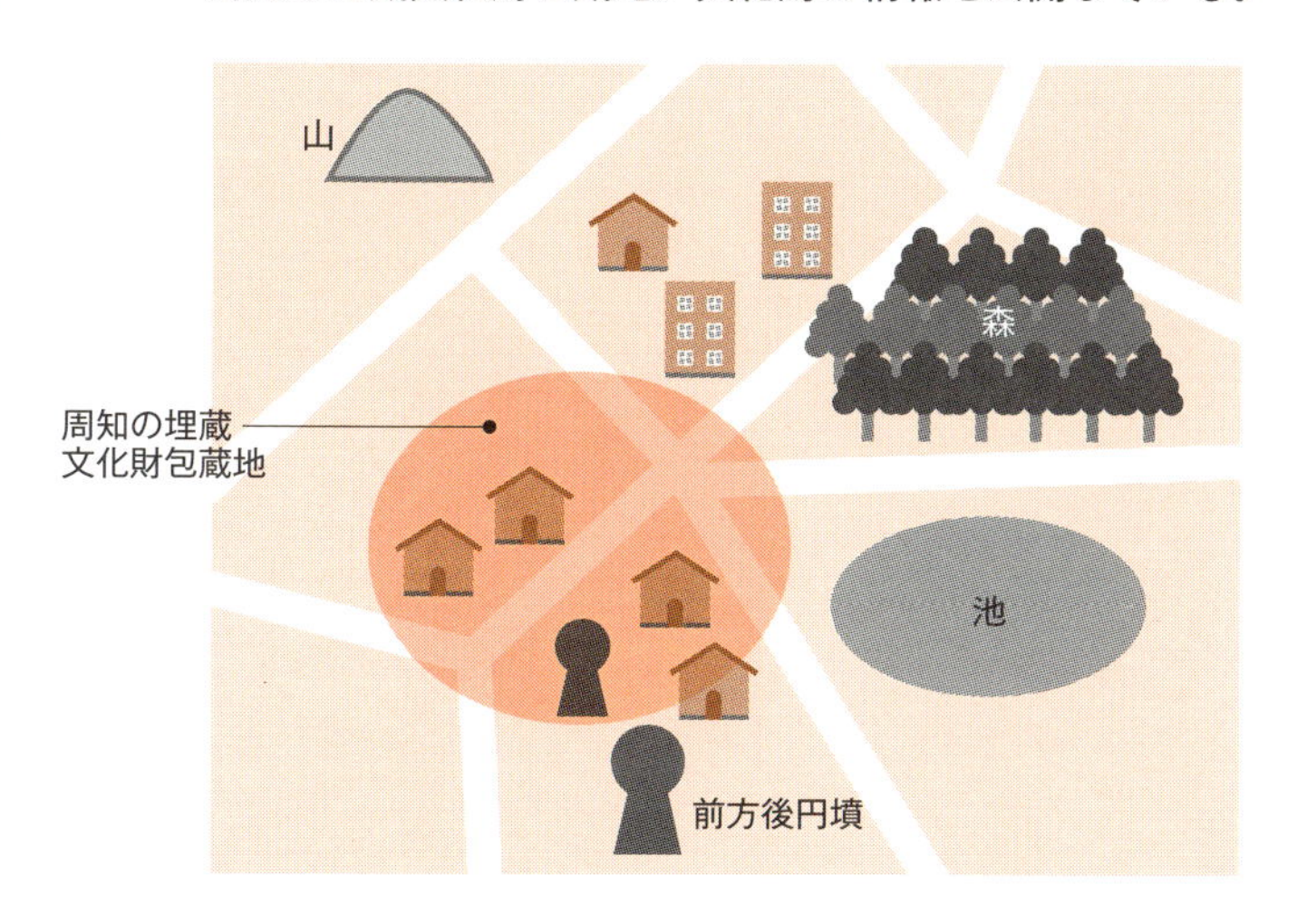

周知の埋蔵文化財包蔵地で工事を行う場合、
文化財の調査が行われることも。
その場合、工事を中断せねばならない。

土地に埋蔵文化財があることが確定的で、かつ発掘調査費が負担されていない場合には、発掘調査費の80%を埋蔵文化財のない土地とした場合の価額から控除できる!!

庭の一角に稲荷がある土地

その範囲を特定して非課税とすることができます

古くからのお宅には、庭の一角に稲荷が祀（まつ）られていたり、道路面に地蔵尊が建てられていたりすることがあります。これらご神体を祀る「構築物」は庭内神しと呼ばれ、原則として非課税財産とされています。しかし、庭内神しの「敷地」や鳥居などの「付属設備」は、ただちに非課税財産とはされていません。

似たような祈りの対象であるお墓は、従来、その敷地も含めて非課税財産とされてきましたが、庭内神しの敷地や付属設備については、庭内神しとは別個のものであり、その敷地等が当然に非課税財産であるとはされてきませんでした。また、庭内神しとして認められるには、一族のみが礼拝の対象としているだけでは不十分で、周辺の住民にも開放されていることなどが条件となっており、縛りが強く設けられていたのです。

しかし、平成22年の確定判決を受けて、一族のみが信仰の対象としているものについても庭内神しとされるようになったほか、庭内神しの敷地や付属設備についても、その存在が庭内神しに付随したものであり、これらを含めた全体が日常礼拝の対象とされているなど、機能的な一体性が認められる場合には、庭内神しに準じるものとして非課税財産に含めることができるようになりました。

ただし、相続税を意図的に安くすることを目的としてつくられた祈りの対象となる構築物は、非課税とはなりません。節税目的で神様を祀らないようにしましょう。

稲荷や地蔵尊などの庭内神しは、その敷地や付属設備なども含め、
機能的な一体性が認められる場合は「非課税財産」となる!!

稲荷

地蔵尊

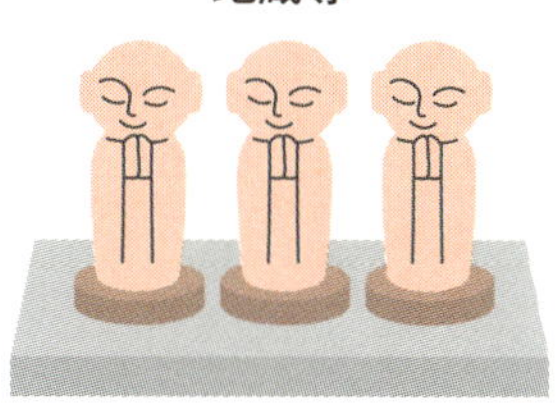

ただし節税目的で祈りの対象となる構築物を設置しても
非課税とは認められない！

基本事例

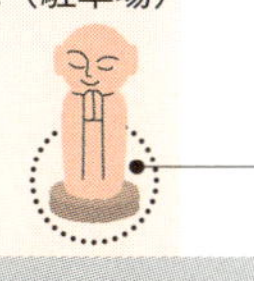

★**当初の評価**　　21,090,000 円

★**見直し後の評価**　18,278,000 円
（庭内神しの敷地部分を非課税として A 土地（駐車場）を再評価）

評価差 2,812,000 円、
約 80 万円、相続税が安くなった!!

市街地農地

宅地にするための費用を減額して評価します

田んぼや畑などの農地は、耕作の用に供される土地であり、建物を建てることを目的として利用される宅地とは、その性質が異なります。また、ここでいう「耕作の用に供される」とは、「事業目的で農作物を栽培すること」をいい、家事消費を目的に、家庭菜園を行うことなどはこれに該当しません。このような用途に使われる土地は、農地ではなく、宅地として評価します。

農地は、農地法の規制を受けており、宅地などに転用する場合には、自治体の許可を受けなければなりません。この自治体の転用許可を受けた農地や、市街化区域内にある農地は「市街地農地」と呼ばれ、相続税土地評価では、その農地が宅地であるとして評価した金額から、その農地を宅地に転用するための費用（宅地造成費）を差し引いて、その土地の価額とします。

差し引かれる宅地造成費にはさまざまな項目があります。たとえば、でこぼこした土地の地面を地ならしするための費用（整地費）、樹木が生えている土地の場合、その樹木を取り除くための費用（伐採・抜根費）など。これら費用の算定にあたっては、地域ごとに参考とすべき費用額が国税庁から示されており、それをもとに、その土地で工事をする場合の費用を計算します。

また、評価する農地に傾斜がある場合は、整地費などが考慮された、その傾斜度ごとに決められた宅地造成費を適用します。平坦な農地を評価する場合とは方法が異なるので注意しましょう。

自治体からの転用許可を受けた農地、市街化区域内にある農地（市街地農地）は、それが宅地であるとして評価した金額から、それを宅地に転用するための費用（宅地造成費）を差し引いて、その土地の価額とする!!

宅地造成費の例

整地費	①凹凸がある土地の地面を地ならしするための工事費または②土盛工事を要する土地について、土盛工事をした後の地面を地ならしするための工事費
伐採・抜根費	樹木が生育している土地について、樹木を伐採し、根等を除去するための工事費
地盤改良費	湿田など軟弱な表土で覆われた土地の宅地造成にあたり、地盤を安定させるための工事費
土盛費（どもりひ）	道路よりも低い位置にある土地について、宅地として利用できる高さ（原則として道路面）まで搬入した土砂で埋め立て、地上げする場合の工事費
土止費（どどめひ）	道路よりも低い位置にある土地について、宅地として利用できる高さ（原則として道路面）まで地上げする場合に、土盛りした土砂の流出や崩壊を防止するために構築する擁壁工事費

傾斜地の宅地造成費（平成30年分・東京都）

傾斜度	金額
3度超　5度以下	17,200円/㎡
5度超　10度以下	21,200円/㎡
10度超　15度以下	32,100円/㎡
15度超　20度以下	45,000円/㎡
20度超　25度以下	49,900円/㎡
25度超　30度以下	53,300円/㎡

「傾斜地の宅地造成費」の金額は、整地費、土盛費、土止費の宅地造成に要するすべての費用を含めて算定したもの。左の傾斜度ごとに都道府県別に定められた宅地造成費（表は東京都の場合）を差し引く。

生産緑地

買い取り申出までの期間に応じて減額できます

生産緑地は、市街化区域にある農地のうち、農地として保全することを目的として市区町村の指定を受けたものをいい、主に、東京、大阪、名古屋の三大都市圏に分布しています。

生産緑地の指定を受けると、その土地での農業経営が義務づけられ、農業経営に関係のない建築物を建てたり、宅地を造成したりといったことは原則、できなくなります。一方で、固定資産税が大幅に安くなるうえ、相続が起こった場合に、相続税の支払いを先延ばしできる制度（相続税の納税猶予）などを利用することが可能です。

生産緑地は条件が厳しく、解除できるのは、「指定告示日から30年を経過したとき」「主たる従事者（※1）が死亡したとき」「主たる従事者がなんらかの故障によって農林漁業に従事することが困難になったとき」のいずれかにあてはまる場合のみです。

これらに該当すると、生産緑地所有者は、市区町村に対し土地の買い取りを申し出ることができます。ただし、市区町村は財政上の理由などから買い取りに応じることはほとんどありません。この場合、市区町村は、ほかの農林漁業希望者に取得を促すことになりますが、ここでも取得の申出がなされるのはまれであり、これら手続きを踏んだ後、生産緑地としての指定が解除されます。

相続税で生産緑地は、その土地が生産緑地でないものとして評価した価額から、買い取り申出までの期間に応じた割合を差し引いた金額によって評価します。

（※1）主たる従事者は、農業経営の中心的人物をいいますが、生産緑地の所有者と同一であることが大半です。

生産緑地は、その土地が生産緑地でないものとして評価した価額から、買い取り申出までの期間に応じた下の割合を差し引いた金額によって評価する!!

相続開始時点で買い取り申出ができない生産緑地

相続開始から買い取り申出できることとなる日までの期間	割合
5年以下	10/100
5年を超え10年以下	15/100
10年を超え15年以下	20/100
15年を超え20年以下	25/100
20年を超え25年以下	30/100
25年を超え30年以下	35/100

相続開始時点で買い取り申出ができる生産緑地

	5/100

基本事例

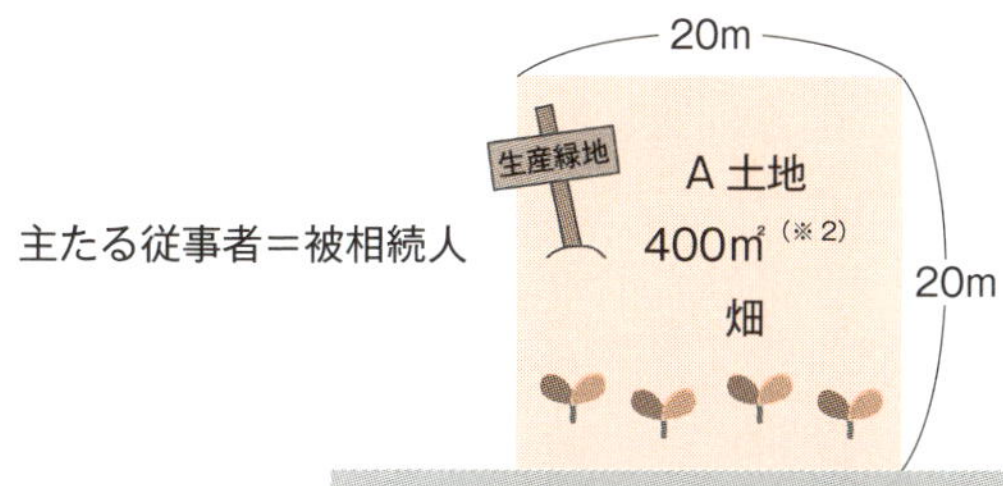

道路20万円/㎡（普通住宅地区）

（※2）これまで、生産緑地の面積要件は500㎡以上とされてきましたが、平成29年に法律が改正され、300㎡以上に緩和されました（ただし自治体によります）。

★当初の評価　79,040,000円
★見直し後の評価　75,088,000円（生産緑地であることを考慮）

3,952,000円の評価差、
約120万円、相続税が安くなった!!

生産緑地の2022年問題って？

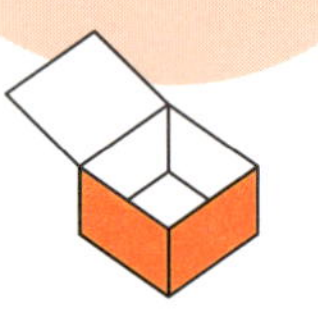

生産緑地は全国に約1万3000haあります。現行の生産緑地の約8割は1992年に指定を受けたもので、2022年に指定後30年を迎えます。30年を迎えた生産緑地は解除可能となることから、後継者がいないことなどを理由として解除が行われ、宅地が市場に大量供給される結果、不動産価格の下落が起こるのではないかといわれています。これが、「生産緑地の2022年問題」です。

実際にどれだけの生産緑地が解除されるのか、はっきりとした見通しは出ていません。ただし、後継者がいる、もしくは農業を続ける意思のある層が一定数いること、また相続税の納税猶予を利用している場合には、原則として、猶予を受けた相続人が亡くなるまで、その地で農業を続けなければ猶予が打ち切られることから、解除に踏み切るのは全体の2割程度と見られています。しかしそれでも、一定量の宅地が供給されることになるため、市場への影響は少なからずあるものと予想されます。

国の対処も効果は限定的

この問題に対処するため、国は「特定生産緑地」という新たな制度を設けました。

これは、指定から30年を経過する生産緑地について、市区町村より新たに「特定生産緑地」の指定を受ければ、買い取り申出ができる時期

指定からの30年経過後の生産緑地の買い取り申出の意向

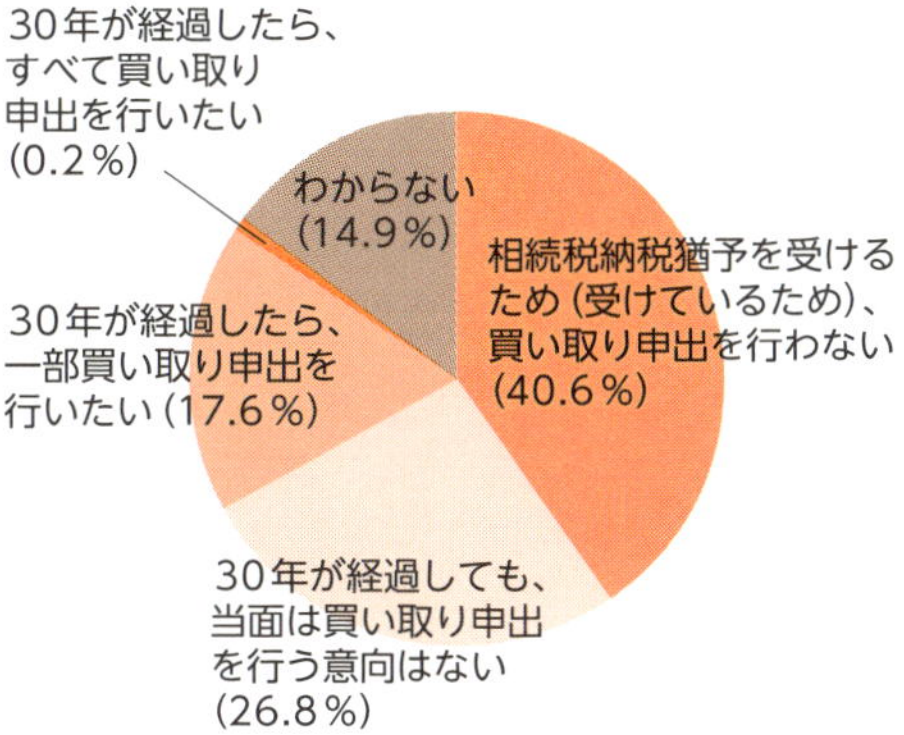

東京都産業労働局農林水産部「平成26年度都市農業実態調査―都市農業者の相続に関する意向調査結果報告書」アンケート対象者数1,254人（うち有効回答者数729人）

が10年延長されるもので、その10年を経過する前に指定の更新を受ければ、さらにその時期が10年延びます。

また、特定生産緑地の指定または指定の更新を受けない場合、相続税の納税猶予が認められるのは、現に納税猶予を利用している相続人に限られ、その相続人が亡くなったときにその土地を相続する新たな相続人は、納税猶予を利用することができません。生産緑地の多くが路線価の高い地域にあるため、猶予を受けられなけ

生産緑地の多い都市ランキング

順位	都市名	決定面積（ha）	地区数
1	京都府京都市	599.5	2,155
2	埼玉県さいたま市	352.4	1,426
3	神奈川県横浜市	301.6	1,725
4	神奈川県川崎市	287.2	1,824
5	愛知県名古屋市	270.2	1,851
6	東京都八王子市	242.5	1,086
7	東京都町田市	232.1	1,079
8	静岡県静岡市	220.8	1,932
9	東京都立川市	206.7	380
10	千葉県船橋市	189.2	514
11	東京都練馬区	187.1	664
12	東京都清瀬市	177.3	265
13	東京都小平市	172.9	375
14	千葉県柏市	172.5	574
15	大阪府堺市	166.2	869
16	三重県四日市市	154.3	802
17	東京都東久留米市	146.6	308
17	大阪府八尾市	146.6	691
19	大阪府泉佐野市	146.2	598
20	東京都三鷹市	141.1	306
21	埼玉県川越市	139.6	479
22	愛知県一宮市	138.7	1,080
23	千葉県松戸市	135.9	535
24	東京都青梅市	134.3	723
25	東京都東村山市	133.8	338
26	埼玉県川口市	132.1	510
27	神奈川県相模原市	131.1	890
28	東京都国分寺市	129.9	252
29	東京都調布市	125.7	429
30	東京都西東京市	122.2	297
31	埼玉県上尾市	119.3	473
32	大阪府岸和田市	118.0	615
33	東京都日野市	116.6	449
33	大阪府東大阪市	116.6	683
35	東京都稲城市	113.5	467
36	兵庫県神戸市	106.1	498
37	奈良県奈良市	105.0	634
38	千葉県千葉市	103.5	459
39	神奈川県秦野市	103.0	682
40	埼玉県新座市	102.3	255
41	東京都府中市	100.9	462
42	兵庫県伊丹市	98.9	567
43	神奈川県藤沢市	98.5	528
44	大阪府枚方市	97.4	454
45	東京都武蔵村山市	97.2	341
46	千葉県市川市	95.7	324
47	愛知県岡崎市	92.7	583
48	東京都世田谷区	91.1	522
49	大阪府和泉市	90.2	380
50	埼玉県草加市	87.2	342
・	・	・	・
・	・	・	・
・	・	・	・
	合計	13187.6	61,839

国土交通省、都市計画現況調査、平成28年3月31日現在

れば、相続開始時に多額の税負担が生じることになります。このため、現状、猶予を受けている人の多くは、特定生産緑地の指定を受けるものと思われます。

国は、なるべく「生産緑地を解除させない」方針で現在、動いています。しかし、すべての生産緑地所有者が、納税猶予を受けているわけではありません。納税猶予を受けていない人の中には、解除に踏み切る人も出てくるものと予想されます。この点、国の施策の効果は限定的といわざるをえません。

問題にどう対処すべきか

生産緑地の動向は不安極まりないものですが、その中でも、生産緑地所有者やその家族はどのように対処すべきでしょうか。

まず農業を続ける意思がある、または農業後継者がいる場合は、2022年を迎える前に特定生産緑地の指定を受けるべきでしょう。

次に、農業を続ける意思がなく、かつ農業後継者もいない場合です。

相続税納税猶予を受けていない場合は、特定生産緑地の指定を受けず、主たる従事者が寝たきりであるなど故障理由に当たれば、2022年を待たずして生産緑地を解除することも、選択肢としてありえます。

相続税納税猶予を受けている場合は、主たる従事者が生存しているうちに生産緑地の指定を解除してしまうと、これまで猶予されていた多額の相続税を支払わねばならなくなるケースが考えられるので、費用対効果を考慮し、慎重に検討すべきです。

2022年以降、生産緑地の宅地化が進むことで、その周辺の不動産価格にも影響があると考えられます。生産緑地所有者だけでなく、生産緑地の多い地域に土地を所有する人は、とくに注意しましょう。

宅地化が見込めない市街地山林

大幅に評価額が下がります

市街地山林とは、住宅街の中、もしくはその外縁部に存在する山林をいい、もともと山林だった一帯が開発され、住宅地となった中に部分的に残された雑木林などが該当します。

市街地山林は、路線価が付設された地域にある土地の場合、その山林が宅地であるとした場合の価額から、その山林を宅地に転用するときにかかる費用（宅地造成費）を減額して評価します。

そして、市街地山林として評価する場合、その土地を「山林から宅地へ転用できるかどうか」を検討しなければなりません。これは、宅地への転用が見込めない場合、前述の方式と異なり、その価額は、近隣の「純山林」（市街地から遠く離れた、宅地の価額の影響を受けない山林）の価額をもとに評価することになるためです。

この「宅地への転用が見込めない場合」とは、たとえば、「その山林を宅地に転用した場合、多額の造成費用がかかり、転用の経済的合理性を欠く」「その山林が急傾斜地等であるために、宅地造成ができない」といった場合が挙げられます。

純山林は、文字通り、山の中にある土地であり、評価額が非常に低いのが特徴です。宅地への転用が見込めない市街地山林は、この金額をもとに評価することになるので、当然、価額が下がります。

また、相続により取得した土地全体ががけ地で、No.7「敷地内にがけのある土地」（58ページ）の評価によることが適当でない場合、この市街地山林の評価方法などにより評価を行う場合があります。

路線価が振られた地域にある土地の場合、市街地山林は、それが宅地であるとした場合の価額から、それを宅地に転用するときにかかる費用（宅地造成費）を控除して評価する。

ただし「宅地への転用が見込めない場合」は、近隣の純山林（市街地から遠く離れた、宅地の価額の影響を受けない山林）の価額をもとに評価する‼

倍率評価って？

路線価が振られていない地域はこれで評価します

本PARTの冒頭で説明した路線価は、道路網の発達した市街地にある宅地を評価することを想定して定められています。しかし、国内にはさほど市街化が図られておらず、道路網が発達していない地域もたくさんあります。このような市街化区域外にある土地は、どのように評価するのでしょうか。

まず、こうした地域の路線価図を見てみると、「倍率地域」と書かれていることがあります。この場合、評価したい土地の固定資産税評価額に「倍率」と呼ばれる数値をかけて、その土地の評価額とします。倍率は、国税庁ホームページの「評価倍率表」から確認することができ、地域ごと、また宅地、田、山林などその土地の地目ごとに定められた倍率を用います。

このような方式による評価は「倍率評価」と呼ばれ、路線価地域にある土地を評価する場合の「路線価評価」と対をなすものです。

倍率評価って??

路線価図を見ているとこんな表記に出くわすことが…

倍率地域にある土地は、その土地の「固定資産税」に
下のような評価倍率表の倍率をかけて、その評価額とする。

平成30年分　　倍　率　表　　2頁

市区町村名：福島市　　福島税務署

音順	町（丁目）又は大字名	適用地域名	借地権割合	固定資産税評価額に乗ずる倍率等 宅地	田	畑	山林	原野	牧場	池沼
			%	倍	倍	倍	倍	倍	倍	倍
い	飯坂町湯野	市街化区域	−	路線	比準	比準	比準	比準		
		市街化調整区域								
		1　農業振興地域内の農用地区域		−	純 5.4	純 10	−	−		
		2　上記以外の地域		1.1	中 10	中 15	中 4.7	中 4.7		
		上記以外の地域		1.1	純 5.4	純 10	純 3.5	純 3.5		
	飯野町	全域		1.1	純 3.1	純 3.4	純 2.2	純 2.2		
	飯野町青木	全域		1.1	純 3.1	純 3.0	純 2.2	純 2.2		

例えば、飯野町にある宅地の固定資産税評価額が 10,000,000 円なら、
10,000,000 × 1.1=11,000,000 円がその土地の評価額となる!!

©2019 ZENRIN CO., LTD.（Z19LC 第 268 号）

市街化調整区域内の雑種地

周辺の土地の価額を参考にして評価します

都市計画法が定める市街化調整区域は、市街化を抑制すべき区域とされており、一部の例外を除き建物を建てられないのが原則です。

市街化調整区域には路線価が付いていないことが一般的であり、この場合、原則として、倍率方式（「倍率評価って?」（122ページ））により評価します。

次に、雑種地とは、宅地、田、畑、山林、原野、牧場、池沼、鉱泉地以外の土地をいい、身近な例でいえば資材置き場や駐車場などがそれにあたります。雑種地は、文字通り、利用状況が雑多であり、用途が特定しづらいために、評価倍率表に、適用すべき倍率が記載されていないことが通常です。その場合、状況の似る付近の土地の価額をもとに評価を行います。

たとえば、評価したい土地が調整区域の中でも比較的宅地化が進んだエリアにある場合には、付近の標準的な宅地の1㎡あたりの価額（固定資産税評価）に宅地の倍率を乗じ、それに各種補正を行った後、さらにその地域の市街化の影響度に応じた減額を施します。最終的にそれに評価したい土地の面積をかけて、その土地の価額とします。

雑種地は、宅地とは土地利用のされ方が異なるために、市街化調整区域にある場合、この土地の固定資産税評価額に、宅地の倍率をかけただけで評価することは適当ではありません。しかし、このような間違いはよく起こりますので、注意が必要です。

市街化調整区域内の雑種地は、
状況の似る周辺地域の土地の価額をもとに評価を行い、
それに市街化の影響度に応じた減額を行って、
その土地の評価額とする!!

市街化の影響度（低→高）

周辺地域の状況	評価方法	減額割合
❶農地、山林、原野が広がる地域	付近の農地、山林、原野の価額をもとに評価	
❷①と③の地域の中間	付近の農地、山林、原野の価額をもとに評価 / 付近の宅地の価額をもとに評価	減額割合 50%
❸店舗等の建築が可能な幹線道路沿いや、市街化区域との境界付近	付近の宅地の価額をもとに評価	減額割合 30%
	郊外型店舗が建ち並ぶ地域	減額割合 0%

基本事例

市街化調整区域にある駐車場

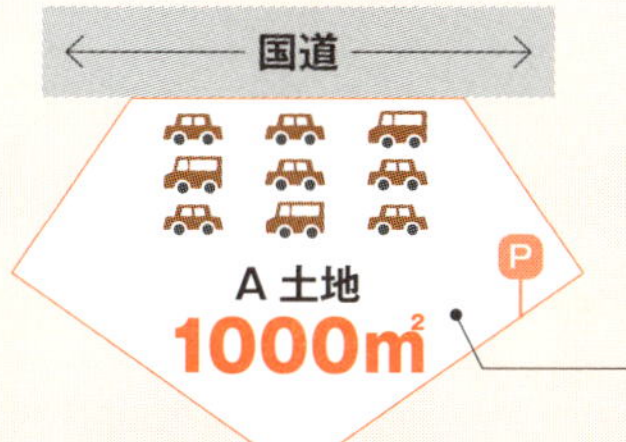

A 土地の
固定資産税評価額
38,000,000 円
宅地の倍率 1.1 倍
付近の宅地の価額
40,000 円 /㎡

★当初の評価
41,800,000 円（A 土地の固定資産税評価額に宅地の倍率 1.1 をかけて評価）

★見直し後の評価
26,796,000 円（宅地が見られる地域のため、付近の宅地の価額をもとに評価、さらに減額割合 30% を適用）

評価差 15,004,000 円、
約 450 万円、相続税が安くなった!!

新築直後の家屋

固定資産税評価額が決まっていない場合があります

通常、相続税で家屋を評価する場合、その家屋の固定資産税評価額に評価倍率1・0をかけて、その家屋の価額とします。

しかし、建物の新築や増改築の直後に相続が開始した場合、その建物の固定資産税評価額が決まっていないことがあります。このような場合、どのように評価するのがよいでしょうか。

固定資産税は、毎年1月1日現在の固定資産（土地、家屋、償却資産）の所有者に対し、当該固定資産の所在する市町村から課税される税金です。東京23区の場合、特例により都が課税主体となります。

前述のような事情で、家屋の評価額が決まっていない場合、建物の所有者は自治体から家屋調査を受け、翌年3月31日にその建物の評価額が決定されます。また、4月から6月にかけ、建物の所有者に対して、固定資産税の納税通知がなされます。

そして、相続税では、建物の新築、増改築の直後に相続が開始した場合、基本的には、建築費の70％相当額を、その家屋の評価額とします。ただし、申告期限までに、その家屋の固定資産税評価額が決定した場合は、決定したその価額に評価倍率1・0をかけた金額により、評価します。

左の事例では、当初、A建物を、建築費の70％相当額である約4349万円で評価していましたが、申告期限までにA建物の固定資産税評価額が決定していたことがわかり、その金額により見直しを行ったところ、約3000万円、家屋の価額が下がり、約900万円、相続税が安くなりました。

建物の新築、増改築の直後に相続が開始した場合、
建築費の 70% 相当額を、その家屋の評価額とする。
ただし、申告期限までに、
その家屋の固定資産税評価額が決定した場合は、
決定したその金額に評価倍率 1.0 をかけた金額により、評価する!!

基本事例

被相続人にかかるご相続の流れ

平成 27 年 6 月 1 日	6 月 22 日	平成 28 年 1 月 1 日	3 月 31 日	4 月 22 日	6 月上旬
A 建物新築	相続開始		固定資産税評価額決定	相続税申告期限	固定資産税納税通知

★当初の評価

建築費
6,213 万円

62,130,000 円× 0.7
相続税評価額
=43,491,000 円
（時点調整済み）

★見直し後の評価

固定資産税評価額
約 1,300 万円

平成 28 年 3 月 31 日に決定された
固定資産税評価額を採用
13,009,000 円× 1.0
相続税評価額
=13,009,000 円

**評価差 30,482,000 円、
約 900 万円、相続税が安くなった!!**

相続税申告と鑑定評価

個性の強い土地には用いる余地あり

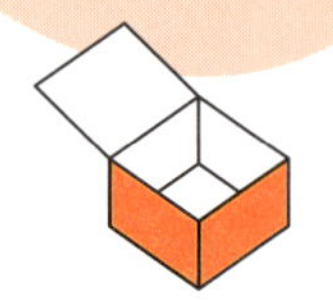

不動産の鑑定評価とは、その対象である不動産の経済価値を判定し、これを貨幣額をもって表示することをいいます。現実の社会経済情勢の下で合理的と考えられる条件を満たす市場で形成されるであろう市場価値を表示する適正な価格を、不動産鑑定士が的確に把握する作業であり、不動産の価格の形成過程を追求し分析することを本質とするものです。いい換えれば、売主にも買主にも偏らない公正妥当かつ客観的な

鑑定評価はこんなときに役に立つ!!

不動産を担保にして
お金を借りるとき
この土地建物を担保にして
ローンを組みたいけど、
どれぐらいの
価値があるんだろ？
?

適正な地代や家賃を
求めるとき
このビルの家賃や
土地の地代って
いくらが適正??
?

時価を導き出す作業といえます。
　不動産の市場価値は、単なる「相場水準」だけでなく、経済情勢や所在する地域の開発動向、建築制限など公法上の制限のほか、形状や面積など多数の要因が組み合わさって形成されています。これら要素を考慮して分析を行い、適正な価額を導き出すことが不動産の鑑定評価であり、これができるのは、法律で不動産鑑定士のみとされています。

　価額の算定に当たっては、不動産の実地調査、類似不動産の取引事例の収集、法務局や役所などの公的機関への調査、地元不動産業者等のヒヤリングなどが行われ、これら情報をもとに、多面的な観点から分析が行われます。

　そのため、鑑定評価により得られた価額は信頼のおけるものであり、さまざまな場面で活用されます。たとえば、「不動産を担保にしてお金を借りるとき」「ビルやマンションの家賃、土地

不動産を遺産分割するとき

土地をAが取得。
相続分に応じたお金を
BとCに渡すことになった。
そもそもこの土地っていくら？

1万円
1万円
土地
C 相続分 1/3
B 相続分 1/3
A 相続分 1/3

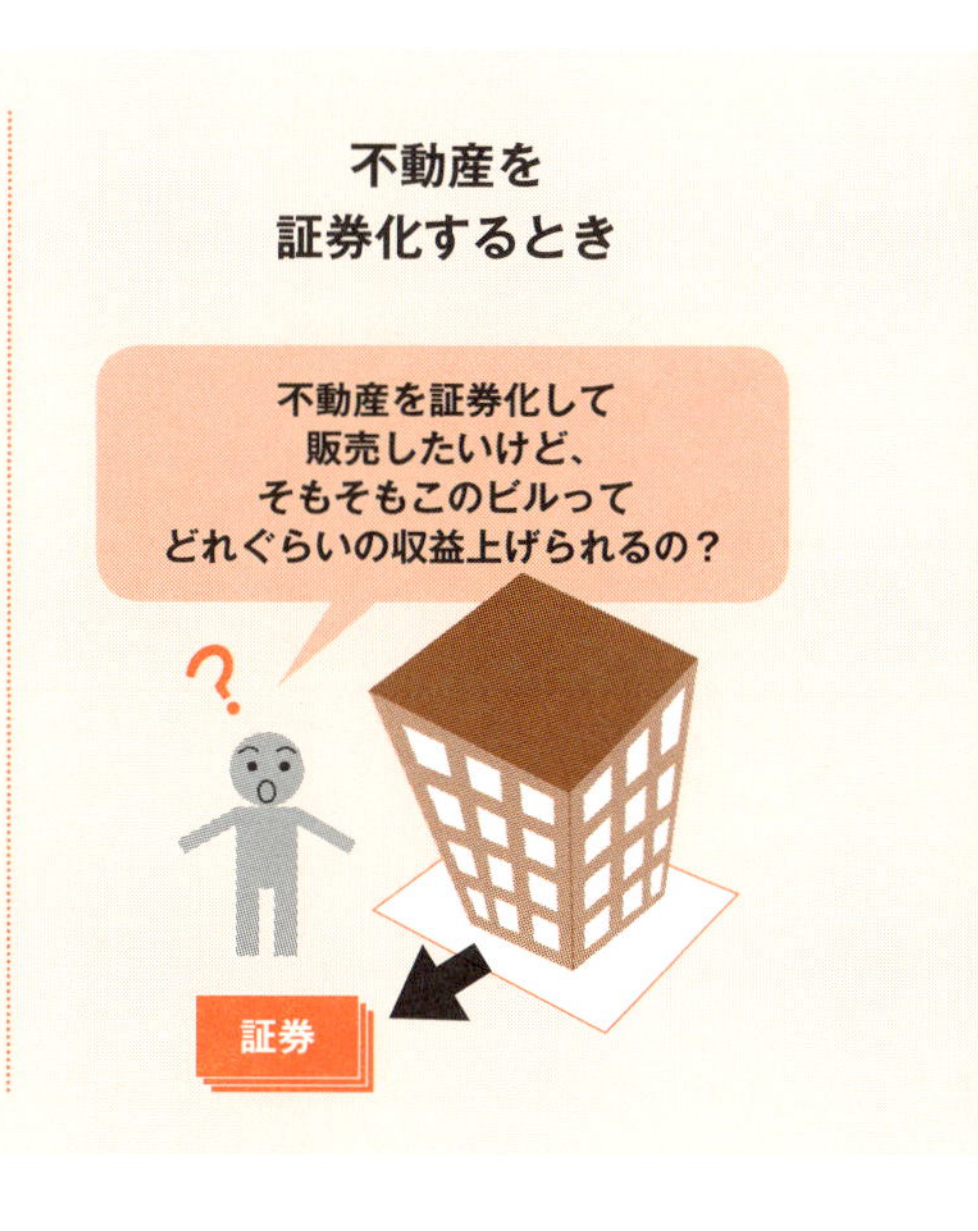

の地代を決めるとき」「不動産を証券化するとき」「不動産の遺産分割で、不動産の適正な価額を把握したいとき」など。あまり知られていませんが、鑑定評価は、実は、不動産取引で重要な役割を担っているのです。

鑑定評価を相続税の評価に用いる

相続税では、相続財産の価額は、その財産の取得時の時価によるとされています。時価とは、不特定多数の間で自由な取引が行われる場合に成立する価格をいいます。実際には、適正な時価を把握することは難しく、また課税の公平を期すために、財産評価の統一的な基準として「財産評価基本通達」が定められ、これにより得られた価額を時価とするとされています。

しかし、「間口が2m未満の土地」「無道路地」「全体が傾斜している土地」「道路面からの高低差が著しい土地」「極端な不整形地」「私道」など、個別的減価要因が強い土地の場合、通達による画一的な評価ではこれらの要因を反映しきれず、結果的に、実勢価格に比べて評価額が跳ね上がってしまうことが、しばしば起こります。

このような場合に、不動産鑑定士による鑑定評価を用いることが合理的とされる場合があります。ただし、鑑定評価には税務署の否認リスクもあることから、適用すべきかどうかの判断は、相続税土地評価に長けた不動産鑑定士の目が欠かせません。

「実際にはこんなに高く売れないのに、相続税の評価額がとても高い」と感じる土地をお持ちの場合、まずは一度、専門家に相談してみることをおすすめします。

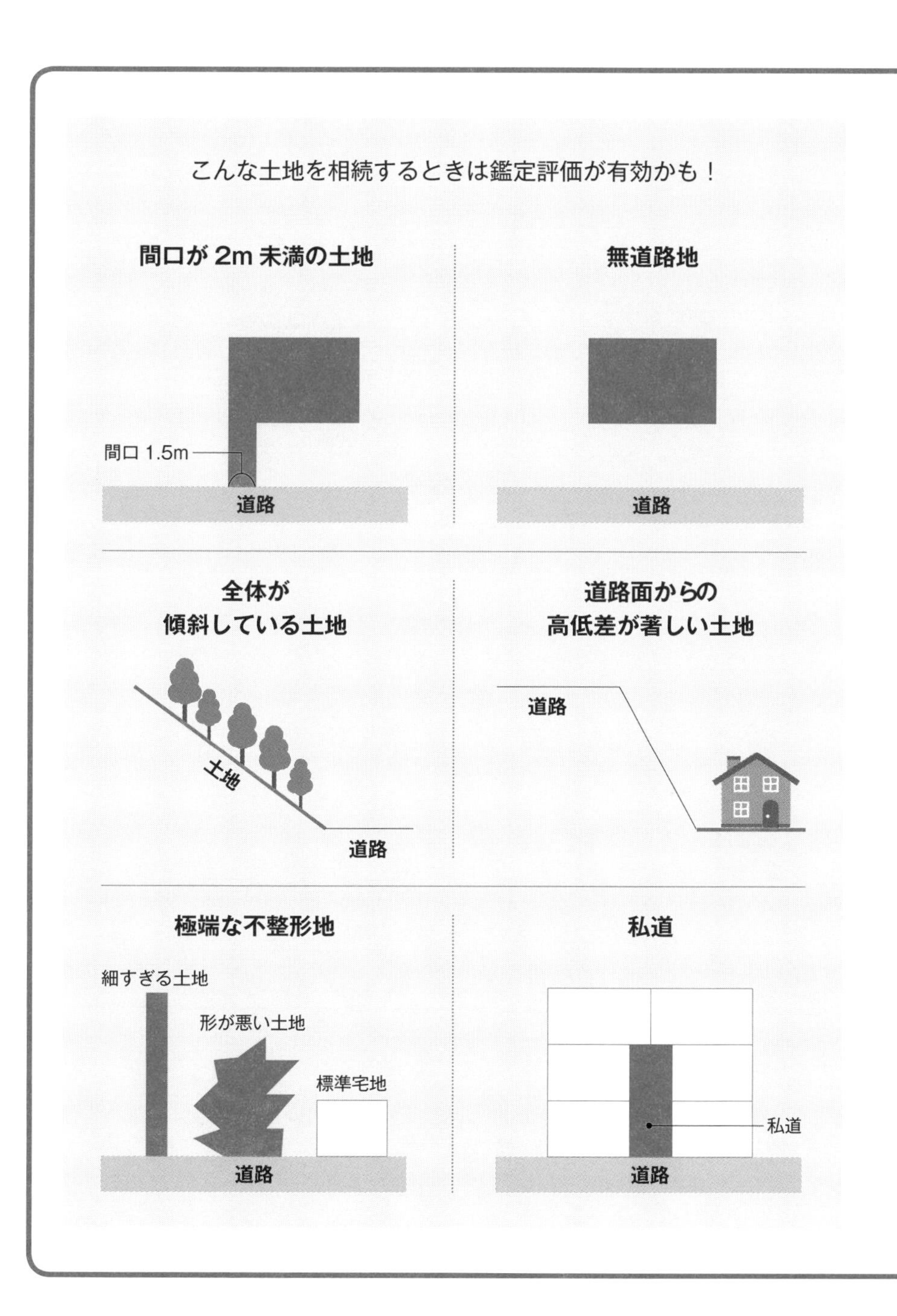
こんな土地を相続するときは鑑定評価が有効かも！
間口が 2m 未満の土地
間口 1.5m
道路
無道路地
道路
全体が
傾斜している土地
土地
道路
道路面からの
高低差が著しい土地
道路
極端な不整形地
細すぎる土地
形が悪い土地
標準宅地
道路
私道
私道
道路

PART 3

相続税が安くなった、戻ってきた実例を公開！

「え、こんなに？」と驚きと感謝の声続々！

ＰＡＲＴ３では、実際に土地評価の部分を見直し、
相続税申告で税金が安くなった実例、
申告後、納め過ぎていた税金が戻ってきた実例を
ご紹介いたします。
土地評価は複雑で、減額要素がいくつも重なり合い、
全体として大幅な減額となることも。
そうした要素を見つけ、
減額に成功した事例の一部を、ぜひご覧ください。

複数の貸家が建っている土地

貸家の敷地はそれぞれの棟ごとに評価します

東京都L市にお住まいの大房様（仮名）は、所有土地（A土地）に貸家を建てて賃貸経営をされています。A土地は2年前にお母様から相続したものです。相続税の納税後しばらく経ってから雑誌で相続税還付手続きのことを知り、その記事を私たちが担当していたことがきっかけで、相続税の見直しをご依頼いただきました。

土地は利用区分ごとに評価する

A土地には4棟の貸家が建っており、それぞれ別世帯の方が入居しています。奥の2棟は私道にのみ接しており、住人が道路に出るときはこの私道を利用します。大房様宅で相続税申告書を拝見して気になったのは、A土地の評価額を求める上での区分の仕方でした。A土地は、私道まで含めた全体でひとつの土地として計算されていました。

相続税の財産評価では、実際に利用されている範囲ごとに土地を区分して、それぞれの土地の評価額を求めます。つまり、道路として利用されている部分はその範囲をひとつの土地として、貸家の敷地として利用されている部分はその範囲をひとつの土地として、計算するのが原則です。

A土地のように複数の貸家が建っている場合、原則として貸家の敷地ごとに土地の評価額を求めます。フェンスやブロックなどの仕切りがあればそれを境界とし、そういったものがない場合は、住人の実際の利用状況や法務局に備え付けられた建物図面などをもとに合理的な境界を判定します。

貸家の敷地４つと私道とに分けて再計算

前述の考えをA土地にあてはめてみましょう。まず、全体をひとつの土地として評価するのではなく、貸家の敷地ごとにB土地、C土地、D土地、E土地に分けます。また、私道はF土地として別個に評価します。

B土地、C土地は私道であるF土地にのみ接しており、F土地は行き止まり私道のため路線価が付いていません。このように私道にのみ接する土地を評価する場合、その私道に特定路線価の設定を受け、それによって土地を評価する方法があります。

ただし、その土地が路線価のついた道路から近い距離（たとえば住宅1軒程度など）にある場合、特定路線価を設定せずに、私道と土地を一体のものとして評価する方法もあります。B土地、C土地はこれによっても差し支えないと考えられたことから、私たちはこの方法を採用することにしました。

なお、D土地、E土地については前面道路の路線価25万円／㎡により計算を行い、私道の影響は考慮しません。

私道も貸家建付地として評価

土地所有者が自己名義で建物を建て、それを貸家としている場合、その敷地は「貸家建付地」として一定の割合が評価額から減額されます。B土地からE土地はいずれも貸家建付地であり、加えてF土地は貸家の住人の通路として利用されている事実から、F土地もまた、貸家建付地として評価するのが適当と考えられました。

以上を踏まえて土地評価の見直しを行うと、評価額が約１７００万円、下がり、相続税が約５００万円、安くなることがわかりました。これらをまとめて税務署に相続税額の更正の請求を行った結果、請求通りの還付が認められ、大房様には感謝の言葉をいただくことができたのです。

A 土地　480㎡

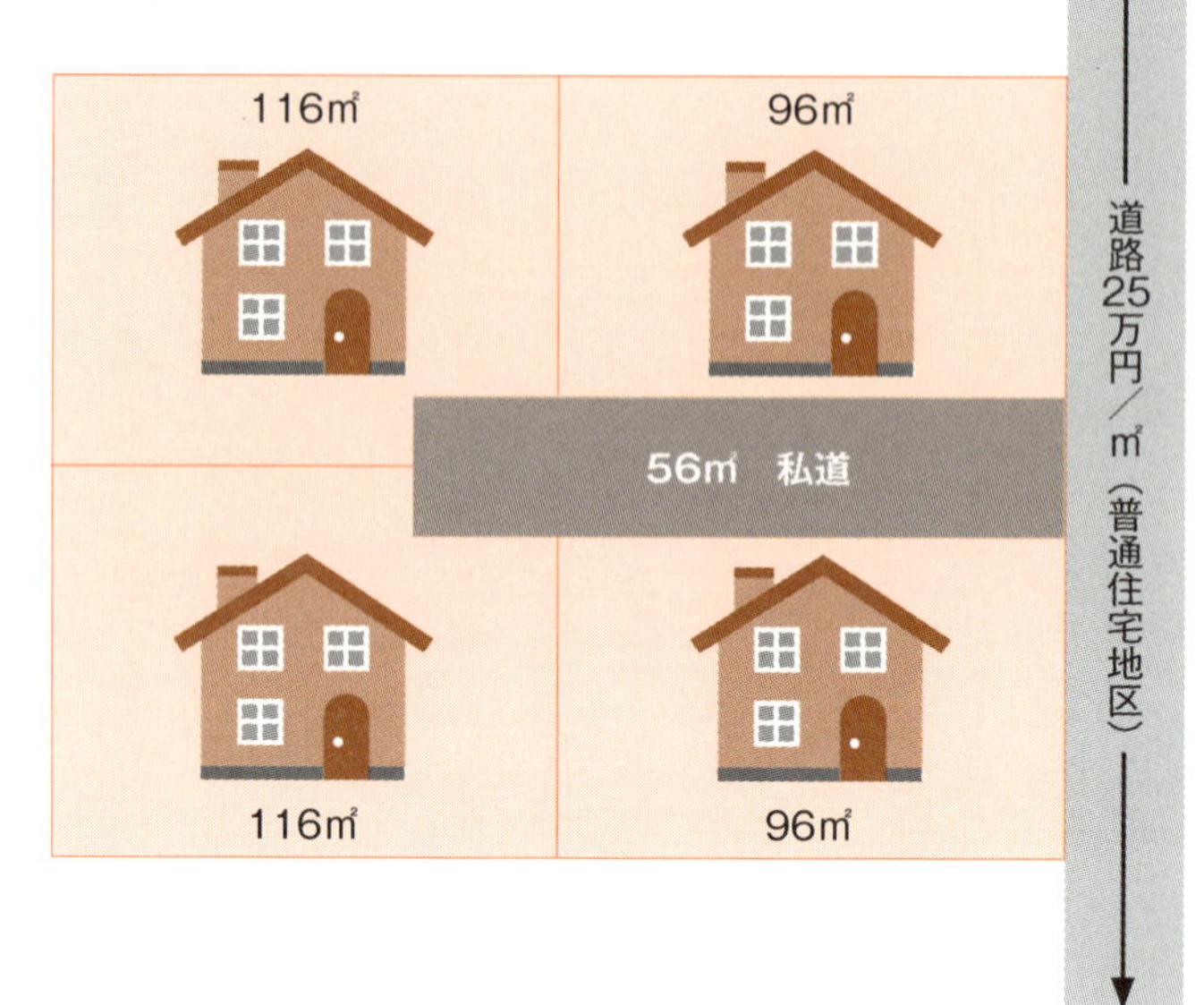

当初の評価

私道も含めて全体をひとつの土地として評価

相続税評価額　97,416,000 円

B 土地・C 土地

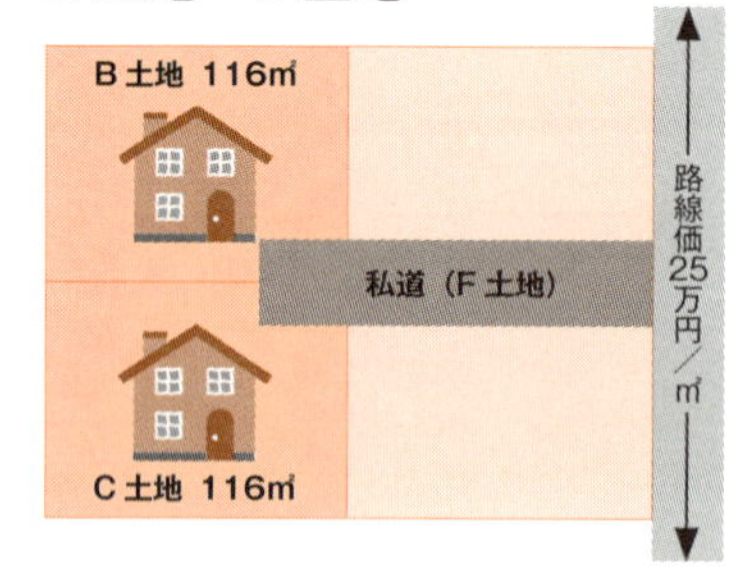

路線価の付いている道路に接していないため、私道と一体のものとして評価

一宅地あたりの

相続税評価額

18,598,338 円…①

D土地・E土地

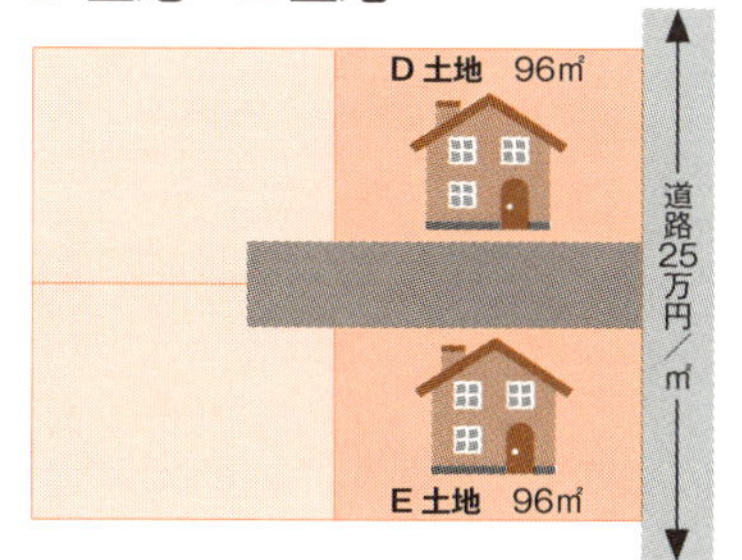

前面道路の路線価をもとに評価
（私道の影響は考慮しない）

一宅地あたりの
相続税評価額
19,680,000円…②

F土地

前面道路の路線価をもとに評価
（私道に特定路線価は設定していない）

相続税評価額
3,107,865円…③

見直し後の評価　①×２＋②×２＋③

相続税評価額　79,664,541円

これだけの評価差が！
17,751,459円

約500万円、相続税が戻ってきた！

ポイント

- 土地に複数の貸家が建っている場合、それぞれの貸家の敷地ごとに評価する。
- 貸家の住人の通路として利用されている私道は、貸家の敷地と同じく貸家建付地として評価する。

屋敷林や家庭菜園のある土地

家で楽しむ家庭菜園は「畑」ではなく自宅敷地として評価します

神奈川県K市にお住まいの高橋様（仮名）は3年前にお父様を亡くし、自宅敷地を相続されました。自宅は竹林に囲まれ、庭の一角には30㎡ほどの菜園があります。相続当時から土地の利用状況は変わっていないとのことでした。

土地評価資料を拝見して気がついたのは、この土地が「宅地」「山林」「畑」の3区分に分けて評価されていたことです。高橋様によると、「畑」とは庭の一角の家庭菜園のこと。家庭で食べるために野菜を育てているものだということでした。

資料によって地目が異なる？

土地は、その用途により「宅地」「田」「畑」「山林」等に分類され、これを地目といいます。相続税評価では、原則として土地を地目ごとに評価します。

登記情報を見ると、この土地は確かに3筆から成っていました。それぞれの地目は「宅地」「山林」「畑」であり、当初の評価が登記情報の地目（登記地目）に基づいていることがうかがえました。

地目の判定は相続開始時点（亡くなった時点）の現況に基づいて行います。登記地目と一致していることもありますが、登記情報は所有者からの申請がなければ変更されないため、必ずしも現況と同じであるとは限りません。

そこで、まず役所で固定資産税の名寄帳（課税台帳）を入手し、相続当時の課税状況を確認しました。名寄帳記載の地目（課税地目）は固定資産税を算出するための基礎として、自治体が調査を行っています。そのため課税地目は登記地目に比べ、より現実を反映している可能性が高いといえます。するると、登記では「宅地」「山林」「畑」とそれぞれ地目が異なるのに対し、固定資産税課税上の現況地目はいずれも「宅地」となっていました。事実を確かめるため、私たちは現地調査を実施しました。

一体の「宅地」として評価

当初の評価ではA土地を「宅地」、B土地を「山林」、C土地を「畑」として個別に評価していました。現地を確認すると、まずB土地の竹林は自宅を外から見えにくくする目隠しの目的、また風除けのための防風林として植えられている、いわゆる屋敷林であり、A土地との明確な境もないことから自宅敷地の一部と判断できました。また竹林は家屋の西側にもありましたが、こちらは個別評価とはされておらず、このことからもB土地だけをあえて「山林」として評価する根拠はないといえました。

次にC土地です。先述の通り、C土地は畑といっても外部に作物を出荷しているものではなく、個人で楽しむ家庭菜園でした。家庭菜園は「耕作の用に供されている土地」とは異なることから、農地としては評価しません。したがって、こちらも自宅敷地の一部として一体で評価するのが適切です。

以上より、3筆の土地はいずれも自宅敷地の一部であり、全体をひとつの「宅地」として評価することが妥当と判断できました。

そして、一体評価とした結果、PART2の№8「広大地」（60ページ）の評価の面積要件を満たし、広大地評価が適用できる可能性が出てきました。これが適用できれば大きな評価額の減額が図れます。そこで私たちは、土地の形状や地域の特性を精査した上で意見書をまとめ、相続税の更正の請求を行いました。その結果、すべて税務署に認められ、高橋様の相続税評価額は約5000万円の減額、約2000万円もの相続税が還付されました。

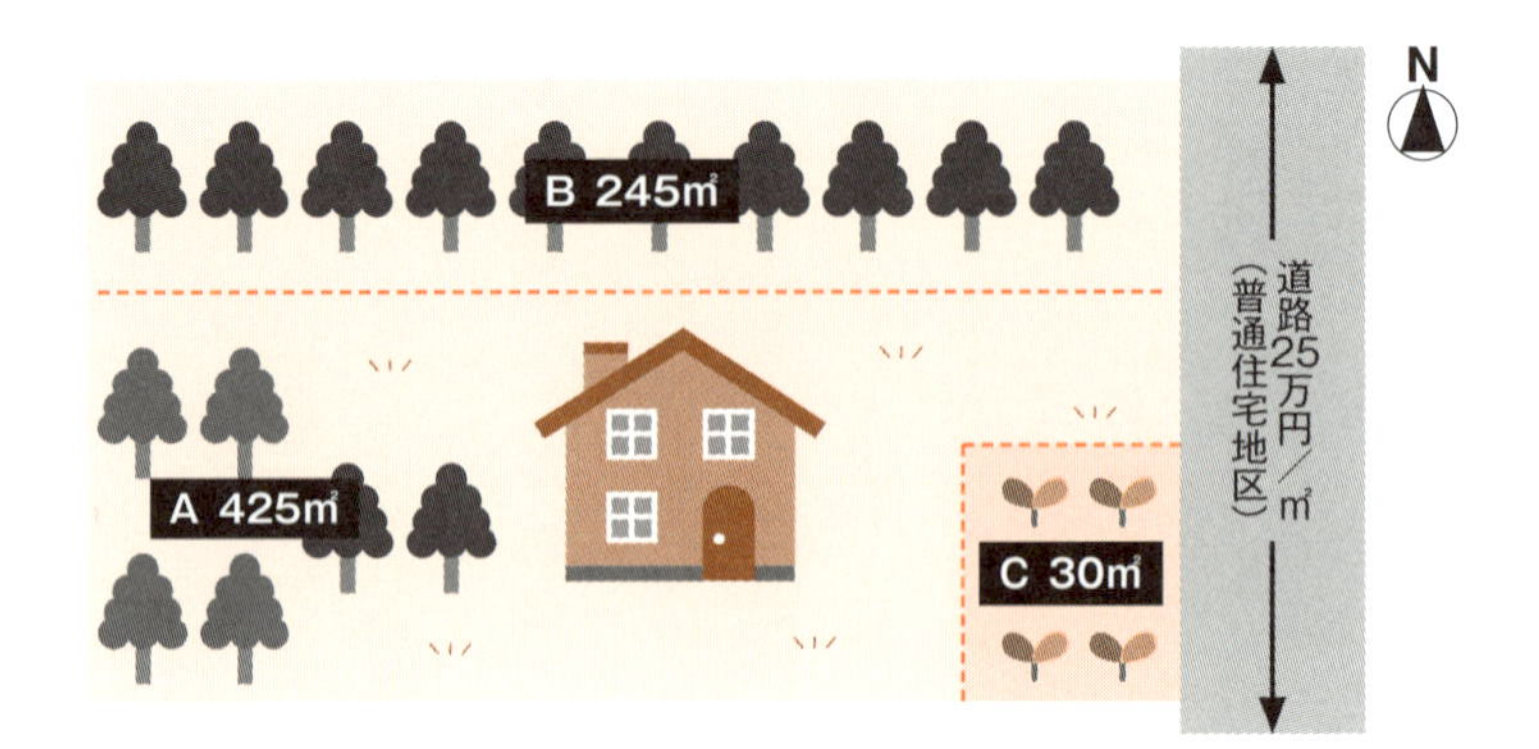

当初の評価

A・B・Cを個別評価

A　90,780,000円
B　52,252,620円
C　6,681,000円

相続税評価額
149,713,620円

見直し後の評価

A・B・Cを一体評価
「広大地評価」を適用

相続税評価額
98,875,000円

これだけの評価差が！
50,838,620円

約2,000万円、相続税が戻ってきた！

ポイント

- 登記地目は必ずしも現況と一致しているとは限らない。相続開始時点の実際の利用状況を確認する。
- 屋敷林や家庭菜園は自宅敷地の一部として一体で評価することがある。

宅地分譲地の中の私道

私道として使われている部分は減額することができます

京都府K市の竹越様（仮名）がお父様から相続した財産はほとんどが不動産です。その中に、お父様が生前に購入した店舗敷地（A土地）がありました。土地評価資料を拝見すると、当初の評価を行った税理士は固定資産税の名寄帳（課税台帳）からA土地が一筆の宅地として課税されていることを確認し、その上で評価を行った形跡があり、一見して妥当な評価であるように思えました。

戸建分譲用地の「私道」

A土地は宅地分譲用に開発された土地の一部です。全体で約1260㎡の土地を5区画の戸建・店舗用地として分譲したもので、A土地は南西の一角にありました。

このように広い土地を分割して宅地分譲を行う場合、敷地内に新しく道路を造ることがあります。造成される道路には一定の要件があり、自治体からその位置の指定を受けて造られる道路を「位置指定道路」といいます。位置指定道路は原則として私道ですので、通常、路線価は付けられません。

A土地は位置指定道路の南側に位置していますが、この道路には路線価が設定されていないため、西側の公道の路線価を使って評価します。

名寄帳の落とし穴

私たちは竹越さんにお話を聞いた後、法務局調査と現地調査を実施しました。調査で判明したポイントは次の通りです。

①A土地はお父様が宅地分譲業者から購入したものである（建物も所有し、店舗として貸付）

②A土地と私道を挟んで対面する土地（地番10～12）の所有者が、土地購入後に宅地部分と私道部分を分筆している

③私道の実際の形状・幅員が公図（法務局に備え付けられている図面）の記載と異なる

これらの事実からわかるのは、業者は分譲地売り出しの際に私道部分を分筆することなく販売したとみられること、したがって竹越様のお父様が購入したのは一筆の中に宅地部分と私道部分が混在した土地であることとです。

当初の評価では、名寄帳を基に一筆の土地が宅地部分のみで構成されているものと判断して評価を行っていましたが、そもそもの名寄帳に誤りがあったのです。名寄帳は土地評価の重要資料の一つですが、信用しきってしまうと見落としをする可能性があることを実感しました。

私道は、住人など特定の人の通行のために使用されている場合、宅地として評価した価額から70％を減じて評価するとされています。そこでA土地に含まれる私道部分の面積を計測・算定し、その部分の評価額を70％減して再評価を行いました。その結果、評価額が約６００万円下がり、この土地だけで約２４０万円の相続税が還付されました。

このように土地の中に私道として使われている部分があるケースでは、たとえ切り離される面積がわずかであっても、路線価が高い都市部などでは軽視できない減額効果があります。

固定資産税の減額にも

さらに、固定資産税についても私道部分を含めて課税されていたため、測量結果などをそろえて自治体と交渉し、次年度以降の固定資産税も減額することができました。固定資産税は毎年支払うものですので、減額の効果も大きいといえます。

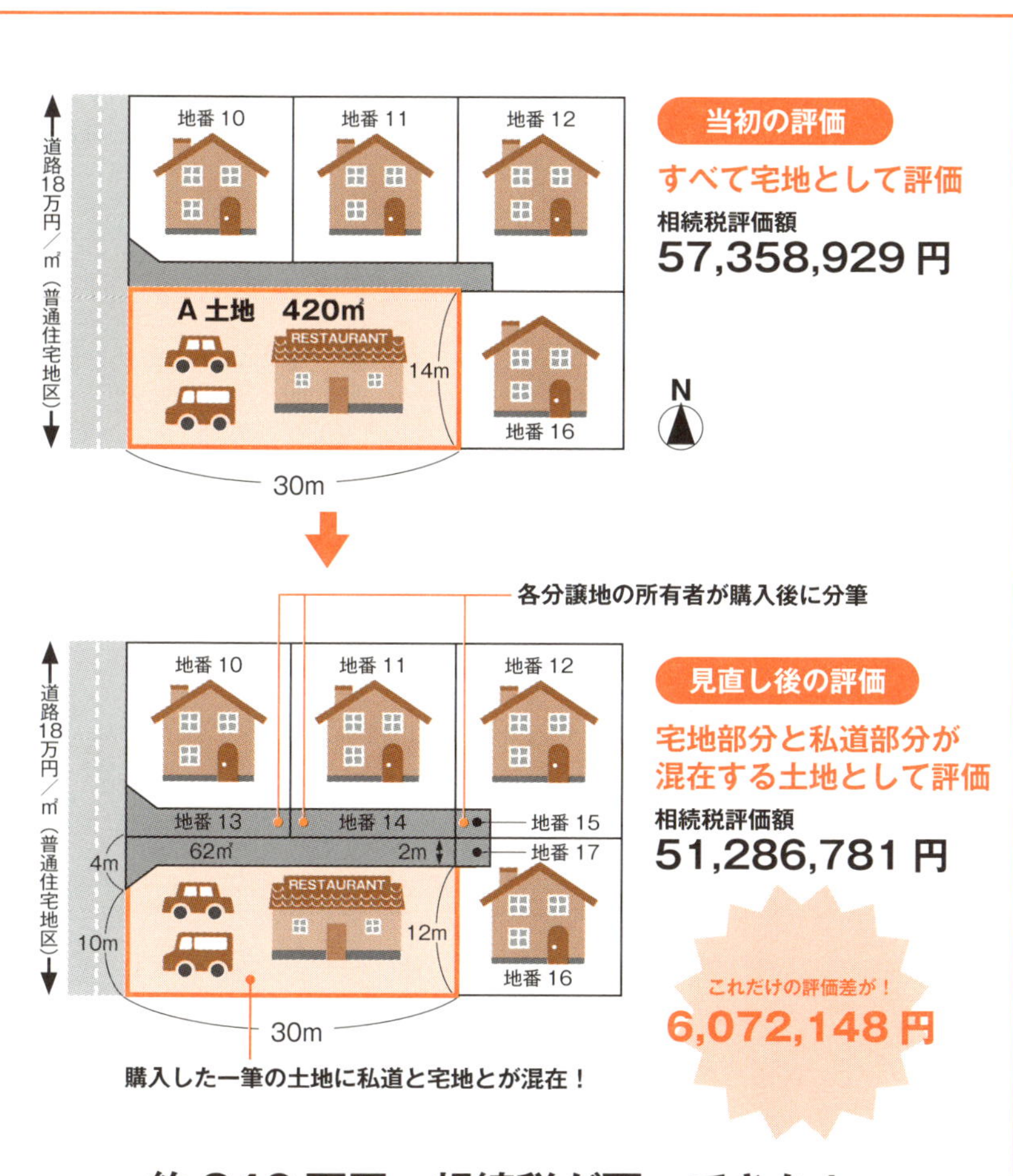

約 240 万円、相続税が戻ってきた！

ポイント

- 土地の面積に私道部分が含まれていることがある。
- 特定の人の通行のために使用されている私道は、その部分の評価額を 7 割減することができる。

２つの道路が交わる角にある土地

角地としての加算を行わなくてよいケースもあります

兵庫県C市の田中様（仮名）は数か月前にお父様を亡くし、相続税申告をお付き合いのある税理士に依頼しました。その税理士先生から「判断に迷う土地があるので意見を聞きたい」とのご依頼があり、土地評価の資料を拝見することになりました。

　気になったのは自宅敷地（A土地）の評価です。当初、A土地は甲道路と乙道路、２つの道路に面した角地として評価されていました。

角地の定義は意外とあいまい

　一般に、１つの道路にのみ面する土地を「一方路」、２つの道路が交わる角に面する土地を「角地」といいます。角地は一方路に比べ日照や通風に優れること、出入りの便がよく居住の快適性が高いこと等から評価額が上がる傾向にあります。相続税の土地評価においても、この角地のメリットを加算して評価額に反映します。

　A土地の資料を拝見して気になったのは、甲道路と乙道路の交わる角度が１２０度以上あるように見えたことです。一口に角地といってもその角度は鋭角のもの、鈍角のものとさまざまですが、相続税評価上、何度から何度までのものを角地というかについて、実ははっきりとした規定がありません。こうした場合に、実務上、判断基準としてよく用いられるのが「建ぺい率の角地緩和」の要件です。

　建ぺい率とは「敷地面積に対する建築面積の割合」のことで、防災や住環境への配慮を目的にその限度等が定められます。建ぺい率には緩和特例があり、自治体の指定した角地であれば、建ぺい率を10％割り増すことができます。この角地緩和が受けられるかどうかを、角地であるかどうかの判断基準として用いることがあるのです。

具体的な要件は自治体によって異なりますが、そのひとつに角度要件として「それぞれの道路のなす角度が120度以下」を掲げるところが多数あります。私たちは、A土地がこれらの要件に当てはまるかどうかを調べてみることにしました。

角度要件を満たさない

役所で確認したところ、C市では「内角120度以下の2つの道路によってできた角敷地」であることを建ぺい率の角地緩和の要件のひとつとしていました。そして測量図面や現地調査をもとにA土地を精査した結果、甲道路と乙道路の交わる角度は約132度と計測され、角度要件を満たさないことがわかりました。このことから、A土地は角地としての効用が低いと考えられ、角地として評価すべきでないと判断されます。

さらに、甲道路は、図のⅠ―Ⅱ間では路線価が28・5万円／㎡なのに対し、Ⅱ―Ⅲ間は26万円／㎡と、異なる路線価が付されています。当初の評価では28・5万円／㎡の路線価のみを採用していましたが、1つの土地が複数の路線価にまたがって所在している場合、各々の路線価に接する間口距離により各路線価を加重平均し、実際に適用する路線価を算定するのが基本です。加えて、A土地の場合は角地ではなくⅠ点で屈折する一方路と考えられることから、乙道路に接する間口距離17mの部分についても加重平均の計算に算入すべきと判断されます。

以上を踏まえて計算し直すと、当初の評価額から約1300万円の減額となりました。このことを税理士先生に伝え申告書をまとめていただいたところ、税務署にも全面的に認められ、相続税額にして約400万円を節税することができました。

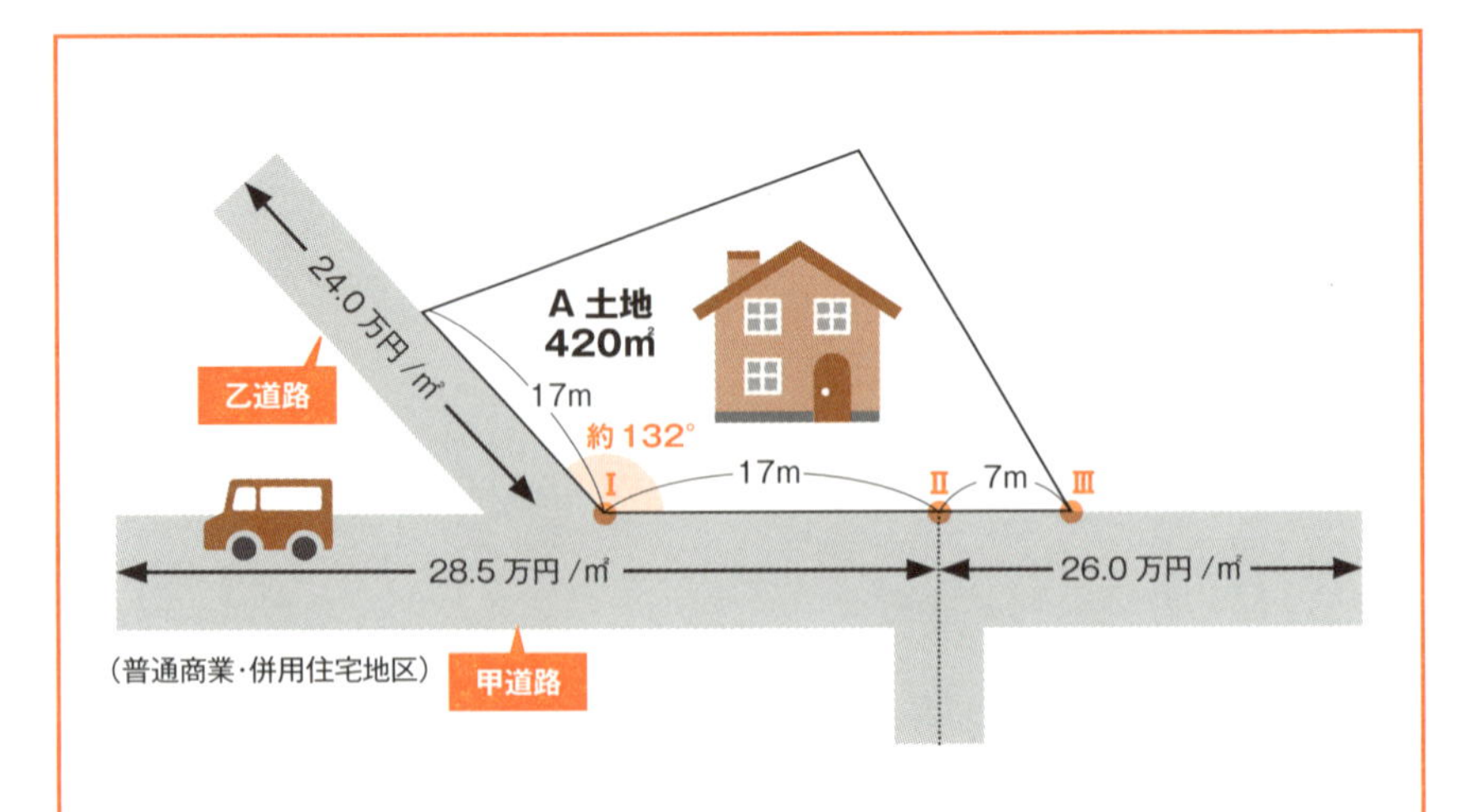

当初の評価

甲道路を正面、
乙道路を側方とする
角地として評価

相続税評価額
111,553,937円

見直し後の評価

角地ではなく、
Ⅰ点で屈折する
一方路として評価

相続税評価額
98,627,965円

これだけの評価差が！
12,925,972円

約400万円、相続税が安くなった！

ポイント

- 2つの道路の交わる角度が一定以上の鈍角の場合、角地ではなく一方路として評価することがある。
- 土地が2つ以上の路線価にまたがって所在している場合においては、間口距離により加重平均して求めた路線価を採用する。

細い道に接している土地

路線価が付けられるべきでない通路に路線価が設定されていることも

神奈川県K市の菅原様（仮名）はお父様から自宅敷地（A土地）を相続しました。路線価図で見ると、A土地は路線価22万円／㎡の西側道路と路線価20万円／㎡の北側道路の交わる角にあります。当初の評価では、西側道路を正面、北側道路を側方とする角地として評価されていました。

北側は堤防上の道

しかし、現地を見てみると、北側道路は河川沿いにのびる堤防上に作られた、自転車や歩行者用の通路でした。いわゆるサイクリングロードであり、道幅は2m弱です。私たちの頭をよぎったのは、これは「建築基準法上の道路」にあたらないのではないかという考えでした。

付けられるべきでない路線価

建築物の敷地は、建築基準法によって「道路に2m以上接しなければならない」とされており、ここでいう「道路」を建築基準法上の道路といいます。建築基準法上の道路に接していない土地には、原則として建物が建てられません。

建築基準法上の道路の最低幅員は原則として4mです。A土地の北側道路は道幅が2m程度であり、よってこれは建築基準法上の道路ではない可能性がありました。また、堤防上にあるためA土地との間には約3mの高低差があり、直接の出入りも不可能な状況です。

路線価地域にある土地は基本的に路線価を基に評

価しますが、本来、路線価は「宅地（建築物の敷地）」を評価するためのものであり、宅地とは建物の存在を前提としています。したがって、路線価が設定されるのは建物が建てられる道路、つまり建築基準法上の道路であるべきです。

しかし、国税庁による路線価の設定は必ずしも適正とは限らず、路線価が付されるべきでない通路に路線価が設定されていることがあるため注意しなければなりません。地図や路線価図上ではなかなか判断がつかないものですが、現地調査を行った際に「地図では道路に見えたが実際はそうでない」と気づくことが多くあります。

北側道路を考慮せず評価

役所で確認すると、やはり北側道路は建築基準法上の道路ではなく、この通路だけに面している土地には建物を建てることができないとの回答が得られました。また、建築基準法上の道路である西側道路の路線価との価格差も10％ほどしかなく、建築不可というマイナス要素は北側路線価には考慮されていないとみられます。そこで、北側道路を考慮せずに評価し直したところ、約２３０万円の評価差が生じ、約70万円の相続税が減額されました。

疑ってみる視点も

本来付されるべきでない道路に路線価が設定されている例は少数ではありますが、ゼロではありません。路線価図を頭から正しいものと過信せず、「これは建物が建てられる道路だろうか？」と疑ってみる視点も大切です。

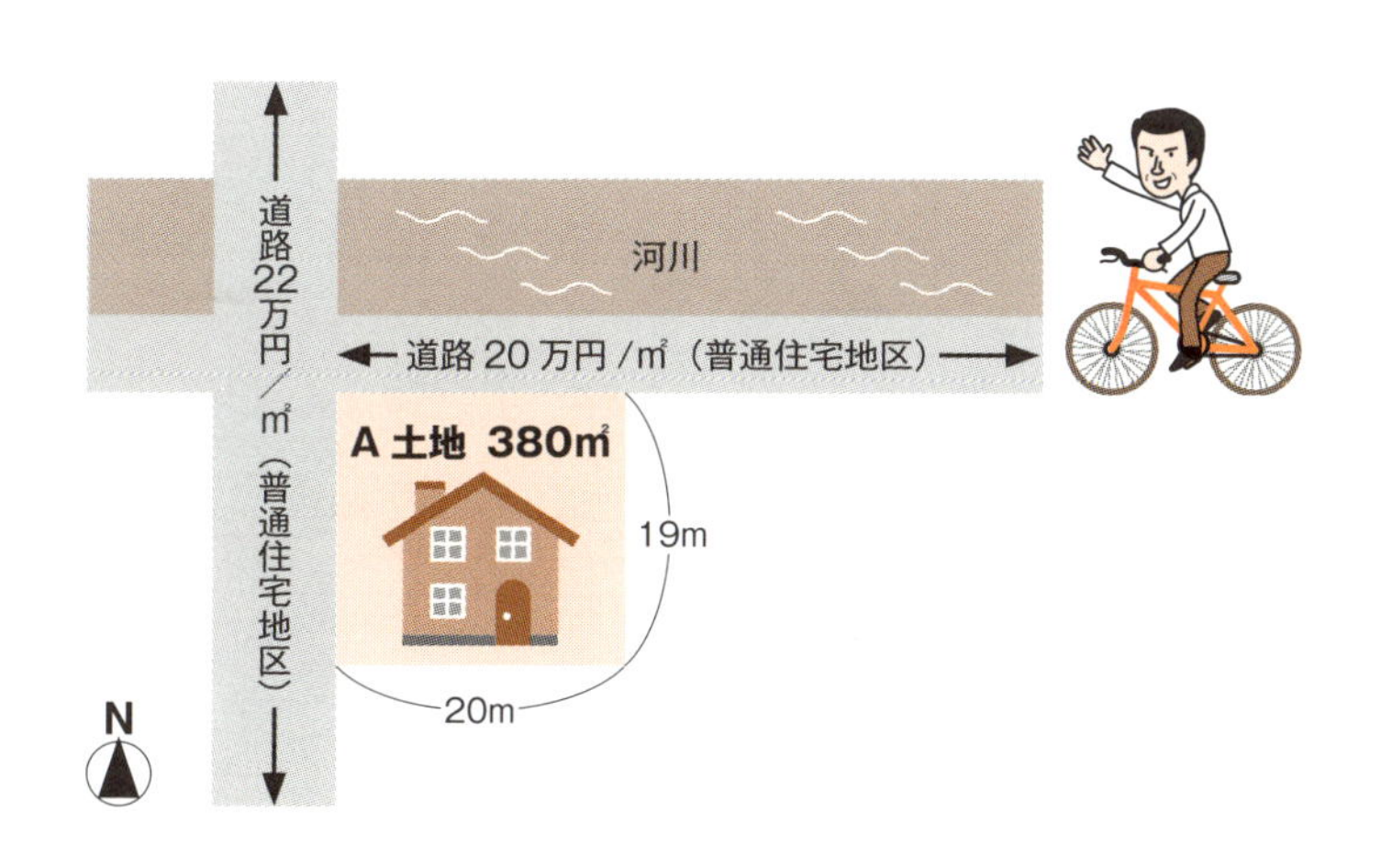

当初の評価

西側道路を正面、北側道路を側方とする角地として評価

相続税評価額
85,880,000 円

見直し後の評価

西側道路のみに接する一方路として評価

相続税評価額
83,600,000 円

これだけの評価差が！
2,280,000 円

約 70 万円、相続税が戻ってきた！

ポイント

- 建築基準法上の道路でない通路など、本来、路線価が付けられるべきでない道に路線価が設定されていることがまれにある。
- 路線価が付けられるべき道路かどうかは、現地調査で気づくことが多い。

あぜ道にのみ接する田んぼ

法律で定められた道路に接していない土地は「無道路地」となります

滋賀県B市在住の赤塚様（仮名）のお家は代々続く農家で、県内に複数の田畑を所有されています。半年前にお父様が他界された際、赤塚様は田んぼ（A土地）を相続しました。相続税申告は亡くなったお父様の知人である税理士に依頼しましたが、念のため別の専門家の意見も聞きたいと考え、私たちにご相談くださいました。

A土地は北側であぜ道に接しており、他方は第三者が所有する田んぼに囲まれています。A土地への出入りは北側のあぜ道を通って行われていました。

路線価の付いていない道路

評価の方針をお聞きしたところ、A土地が接するあぜ道に「特定路線価」の設定を受け、それにより計算する予定とのことでした。特定路線価とは、路線価が付いていない道路にのみ接する土地を評価する場合に、税務署に申請して付けてもらう路線価をいいます。ただし、特定路線価はあくまで「設定できる」とする権利であり、必ず申請しなければならないものではありません。

A土地が接するあぜ道には路線価が付いておらず、特定路線価を申請することも適切と思われました。特定路線価は、周辺路線価の9割程度の価格が設定されることが一般的です。そのため、この場合の特定路線価は、6万円／㎡となることが予想されます。

しかし、現地を調査してみると、このあぜ道は道幅も狭く、地面には草が生い茂っていました。私たちはこれを見て、「この道は『建築基準法上の道路』

ではないかもしれない」と思ったのです（建築基準法上の道路についてはPART２の№13「細い道路、未舗装道路に接している土地」（76ページ）を参照）。

建築基準法上の道路ではなかった

実際に役所で確認してみると、このあぜ道は建築基準法上の道路ではないこと、かつ今後、建築基準法上の道路として扱われる可能性もほぼないことがわかりました。路線価は本来、建物の敷地である「宅地」の価額を求めることを前提として道路に付されるものであり、建物が建てられない通路にまで路線価を設定することは、その趣旨に照らして適当とはいえません。このような点から、A土地は特定路線価によってその金額を計算するのではなく、どの道路にも接していない「無道路地」として評価するのが適切と判断できました。

無道路地として評価

無道路地は、その土地から最も近い道路の路線価により計算した価額から、その道路に至る必要最小限の通路を設けるのにかかる費用を控除して、その土地の価額を計算します。

この手順で再計算すると、仮に特定路線価を取得した場合の評価額と比べ、土地の評価額が約２２０0万円下がり、相続税が約８９０万円、安くなることがわかりました。このことを赤塚様と税理士にお話ししたところ納得され、税務署にも問題なく認められました。

土地が接する道路がどのような種類で、どのような規制を受けるのかといったことは、その土地の価値に大きな影響を与えます。特定路線価の申請を行わない方が適切な場合もあることを踏まえ、慎重な判断が必要です。

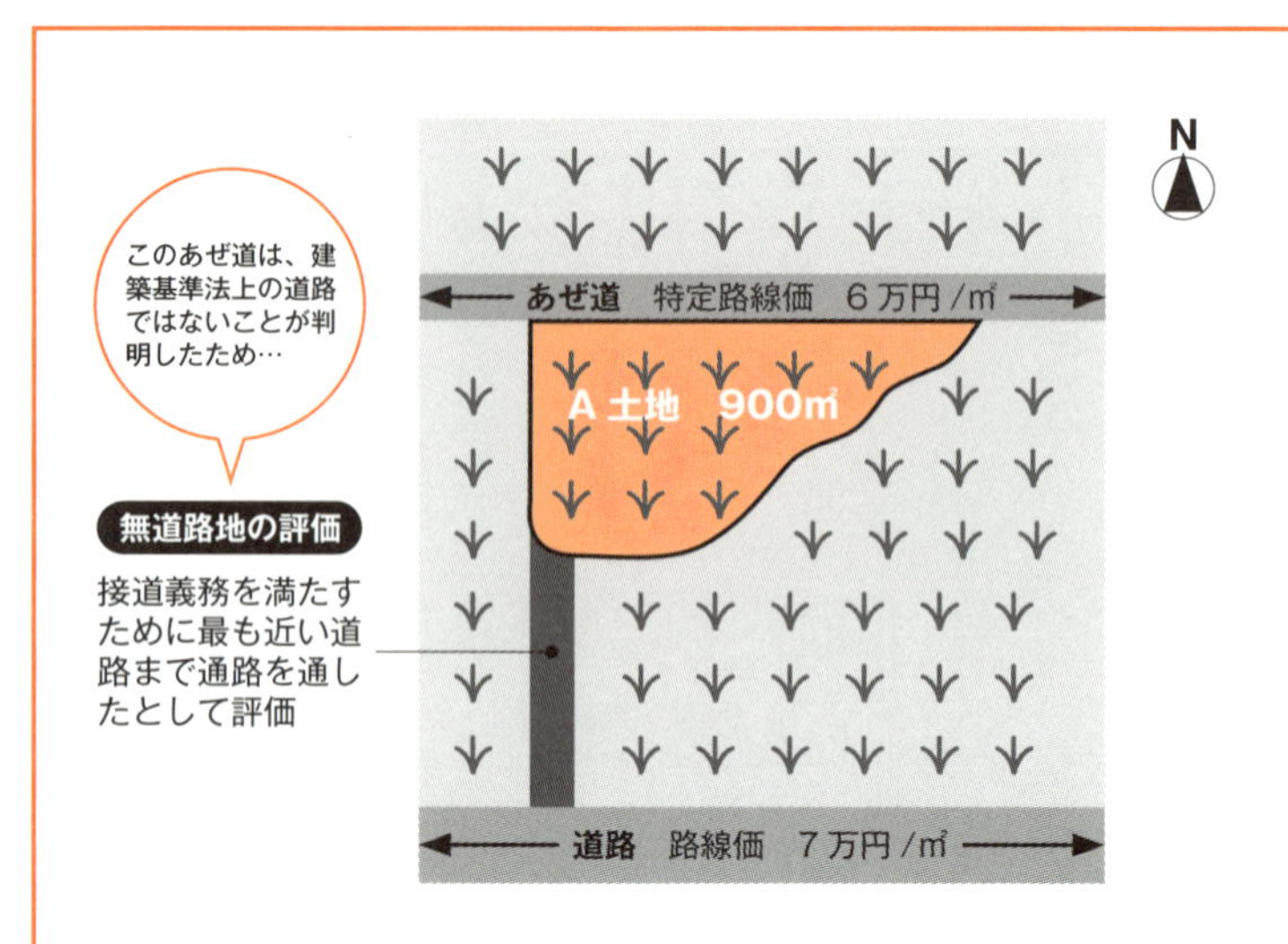

当初の評価

あぜ道に特定路線価を設定したと想定して評価

相続税評価額
48,124,800円

見直し後の評価

無道路地として評価

相続税評価額
25,722,700円

これだけの評価差が！
22,402,100円

約890万円、相続税が安くなった！

ポイント

- 路線価の付いていない道にしか接していない土地を評価するときは、その道に「特定路線価」を付けるよう申請することができる。ただし、その道が建築基準法上の道路でない場合は特定路線価を用いず、「無道路地」として評価する。

空室のある賃貸アパート敷地

一時的なものであれば、空室でも減額が適用できます

埼玉県S市在住の深田様（仮名）は、ターミナル駅から少し離れた住宅地に賃貸アパートをお持ちです。2年前にお父様から相続し、以降ご本人が管理をしているものです。

賃貸アパートやマンションの敷地は、貸家建付地として自用地（所有者が自分で使用している土地）よりも評価額が減額されます。具体的には、自用地とした場合の価額に「借地権割合」「借家権割合」「賃貸割合」をかけて減額割合を計算します。

「借地権割合」は路線価図に記載されています。収益性の高い地域ほど割合が高くなり、住宅地の場合60～70％程度が一般的です。「借家権割合」も国税局長が定めますが、こちらは現在、全国一律で30％です。そして「賃貸割合」は、貸家の各独立部分がある場合に、その各部分の入居状況に基づいて計算されます。

8部屋中4部屋に入居者がいない

アパート敷地（A土地）の評価明細を拝見すると、賃貸割合は8分の4とされていました（実際は床面積で割合を計算しますが、このアパートは全室間取りが同じでしたので、便宜上、部屋数で割合を表示します）。

つまり、全体で8室ある中で、4室が賃貸されている状態です。相続開始時の状況を聞くと、確かに8室中4室に入居者がおり、3室は空室、残りの1室は深田様自身が物置にしていたとのことでした。さらに詳細を聞き、空いている3室についてはそれぞれ相続発生の1か月後、4か月後、5か月後に入居者が決まったということがわかりました。

「一時的」な空室かどうか

相続税評価上、相続開始時に空室だった部分は原則として賃貸割合に含むことはできません。しかし一方で「継続的に賃貸されてきたもので、相続開始時において、一時的に賃貸されていなかったと認められる」部分がある場合には、その部分を賃貸されていたものとして賃貸割合に含めてよいという緩和措置も規定されています。

確かに家主さんにしてみれば好きで空けているわけではなく、家賃収入も滞るというのに、相続税まで高くなるのは理不尽な話です。深田様の場合、物置にしている1室については自己使用のため賃貸割合に算入することはできませんが、残りの3室については算入が可能であると判断しました。

相続開始時に空室だった部分を「一時的に賃貸されていなかった」と認めるかどうかは、次のような事実関係から総合的に判断するとされています。

①各独立部分が相続開始前に継続的に賃貸されてきたものかどうか
②賃借人の退去後速やかに新たな賃借人の募集が行われたかどうか
③空室の期間、他の用途に供されていないかどうか
④空室の期間が、相続開始の前後のたとえば1か月程度であるなど一時的な期間であるかどうか
⑤相続開始後の賃貸が一時的なものではないかどうか

これによると空室の期間は「たとえば1か月程度」とされていますが、賃貸の入居状況には地域性や賃貸市場の動向、近隣物件との競合状態等、様々な要素が影響します。そのため、ここで示されている「たとえば1か月」という基準にはある程度の流動性が

あると判断し、「相続開始時に確かに空室ではあったが、それは一時的に賃貸されていなかったものであり、空室の期間に建物所有者が他の用途に供していたもの等ではない」旨を評価意見書にまとめ、更正の請求を行いました。

その結果、空室期間が1か月だった部分については問題なく認められ、4~5か月だった部分については税務署から異論が出されましたが、直接交渉を重ね、最終的には3室とも認められました。結果、当初の申告では8分の4だった賃貸割合は8分の7となり、建物の減額と合わせて約450万円の評価減となりました。

現場では経験的に知られている減額要素ですが、判定要素にグレーゾーンがあるだけに、税務署への交渉力も含めて腕が試された事例でした。

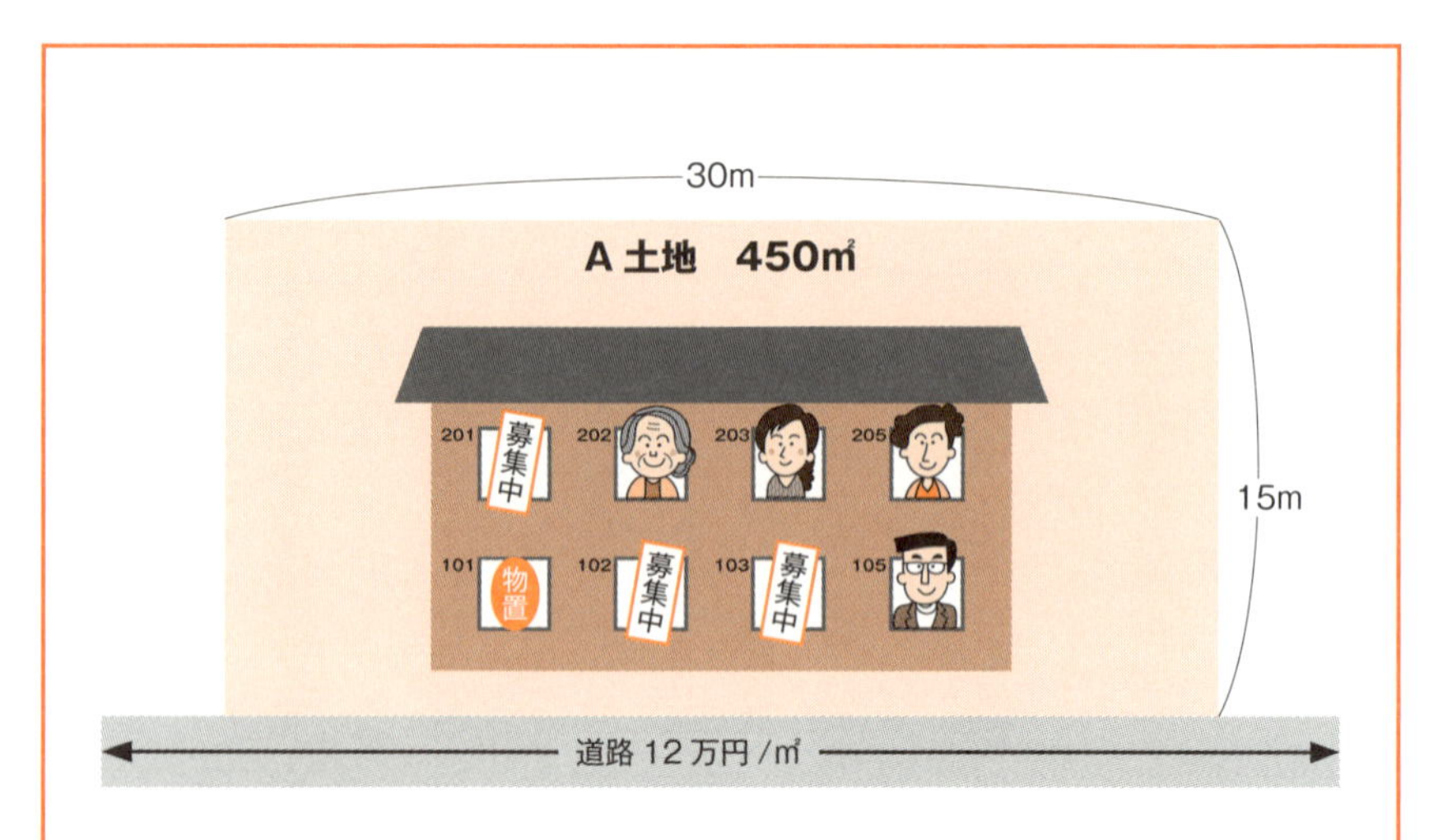

当初の評価

賃貸割合を 8 分の 4 として評価

相続税評価額（建物含む）

55,940,000 円

見直し後の評価

賃貸割合を 8 分の 7 として評価

相続税評価額（建物含む）

51,395,000 円

これだけの評価差が！

4,545,000 円

約 130 万円、相続税が戻ってきた！

ポイント

- 相続開始時に空室だった部分も、「継続的に賃貸されてきたもので、一時的に空室だったもの」と認められれば、その部分も賃貸されていたものとして賃貸割合に含むことができる。
- 一時的な空室と認めるかどうかは、空室だった期間や入居者の募集状況、地域性などから総合的に判断される。

土器など遺物が埋まっている土地

発掘調査にかかる費用の80%を控除できます

千葉県K市の新井様（仮名）は、半年前にお父様から賃貸アパートの敷地（A土地）と駐車場（B土地）を相続されました。相続税の手続きは顧問税理士に依頼し、これから中告するところでしたが、念のためにセカンドオピニオンを受けたいとご相談いただきました。

歴史の遺物が埋まっている土地

顧問の先生が作った土地評価資料を拝見すると、「埋文」と書かれたメモがありました。これは「埋蔵文化財」の略称です。

土地には土器や石器など学術的価値の高い遺物が埋まっていることがあります。それらを埋蔵文化財といい、文化財が埋まっていることが知られている土地を「周知の埋蔵文化財包蔵地」といいます。

埋蔵文化財は歴史を知る上で貴重なものなので、周知の埋蔵文化財包蔵地で地下の掘削を伴う土木工事（住宅の建築など）を行うときは、事前に教育委員会に届け出なければなりません。書類審査で調査が必要とされれば試掘が行われ、その結果、工事が埋蔵文化財に影響すると判断されれば本掘が必要となります。

調査中は工事が中断するほか、建物が賃貸アパートなど事業目的のものである場合、調査費用は原則として土地所有者が負担します。こうした理由から、土地が周知の埋蔵文化財包蔵地であることは資産価値にマイナスの影響を及ぼすと考えられます。これを考慮して、相続税土地評価では発掘調査費の80%

を評価額から控除することができるとされています（ただし、相続開始時点ですでに発掘調査費が拠出されている場合は控除することはできません）。

B土地は計画を変更していた

新井様に詳しく話を聞いたところ、お父様は当初、A土地だけでなくB土地にもアパートを建てる予定だったそうです。ところが両方とも周知の埋蔵文化財包蔵地で、市の試掘調査を受けたところ縄文時代の遺物が出土。「建物の基礎が埋蔵文化財に影響する」として、本掘調査が必要となりました。

調査費用は土地所有者の負担とされた上、建築資材の価格高騰から建築費用が当初の予定よりもかさむといった事情が重なったため、お父様はアパートの規模を4分の1に縮小し、B土地を駐車場建設にあてるとする計画変更を市と協議しました。その結果、B土地の本掘調査は不要とされ、A土地のみ調査が行われたのです。時は下って、B土地にも同様のアパートを建てる計画が持ち上がる中、相続が発生。現在に至るということでした。

埋蔵文化財の影響を評価に反映

役所で調べたところ、A・B両土地の発掘調査をまとめた「発掘調査報告書」が見つかり、先述の話の裏付けが取れました。建築計画が具体化すれば、B土地の今後の本掘調査は必至と考えられます。

しかし、当初の評価では埋蔵文化財の影響が考慮されていなかったため、そのことを顧問の税理士に伝えました。その結果、A土地の調査費を基にB土地の調査費を算出、その80％の約６００万円を評価額から減じ、結果的に約２４０万円、相続税を減らすことができました。新井様と顧問税理士からは喜びの声をいただくことができたのです。

日本には遺跡が多く、埋蔵文化財包蔵地は全国に46万か所もあるとされています。ご自身の土地が当てはまらないか、確認する価値はあると思います。

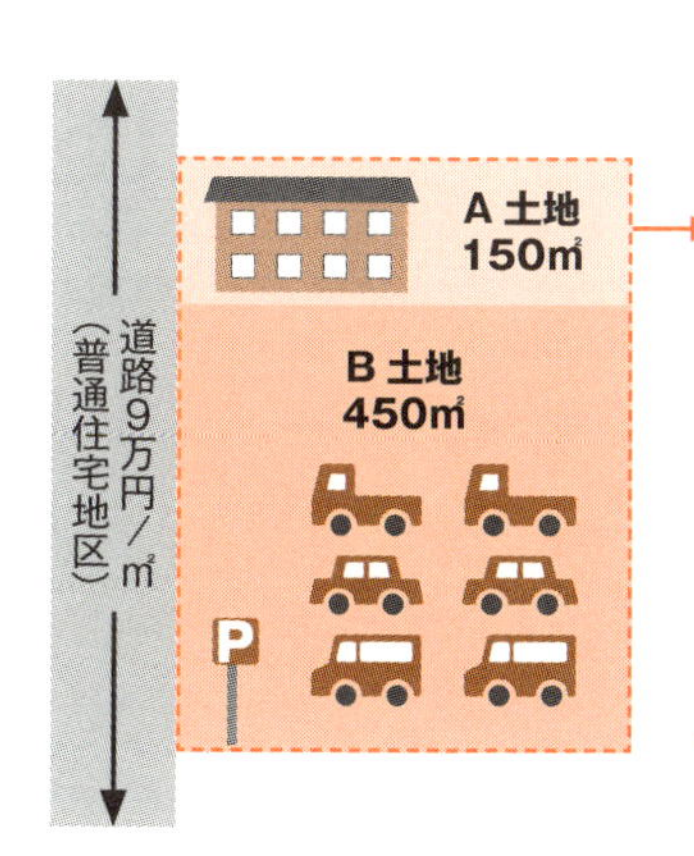

アパートの建築時に
土地を試掘した

A 土地：本掘調査を実施した上でアパートを建築

B 土地：計画を変更して駐車場を建設

B 土地は将来、
建物を建築する際に
本掘調査が必要！

当初の評価

埋蔵文化財を考慮せずに評価

相続税評価額
40,500,000 円

見直し後の評価

将来、本掘調査にかかる費用を考慮して評価

相続税評価額
34,552,800 円

これだけの評価差が！
5,947,200 円

約 240 万円、相続税が安くなった！

ポイント

- 地中に文化財が埋まっていることが知られている土地は、建物を建築するときに発掘調査が必要となる等の制約があることを考慮し、発掘調査費の 80%を評価額から減額することができる。
- 周知の埋蔵文化財包蔵地に該当するかどうかは役所で調査する。

道路と高低差がある土地

利用価値が著しく低下している土地は10％減の可能性があります

埼玉県T市在住の西谷様（仮名）は、２年前に亡くなったお父様より複数の土地を相続されました。ご自宅に伺い相続税申告書を拝見すると、土地の評価明細書に疑問点はなく、図面類もきちんとそろえられています。一見した限りでは、減額できそうな点は見当たりませんでした。

道路より低い位置にある土地

しかし、念のため現地を見て回ったところ、気になる土地（A土地）がありました。A土地は倉庫の敷地として使用されているもので、幹線道路沿いに位置しています。

気になったのは、A土地は幹線道路に面しているといっても、実際は道路より２ｍほど低い土地だったからです。道路側以外は別の所有者の土地があり、この道路の他には接道していません。そのため土地の一部に幅３ｍほどのスロープを設け、人や車両はそこから出入りをしていました。

一部分からしか出入りできない

隣り合った他の土地は道路と同じ高さにあり、A土地だけが低くなっている状況です。一部からしか出入りできないA土地は隣地に比べ道路の効用を十分に受けているとはいえませんが、それにも関わらず隣地と同じ路線価が付けられています。したがって、この路線価に基づいて評価すると、A土地は高すぎる評価額になってしまうと考えられます。

このように「利用価値が付近にある他の宅地の利

用状況からみて、著しく低下している」と認められる場合、その減額要素を評価に反映させるため、適用される路線価を10％割り引くことができます。

利用価値が著しく劣る

土地と道路の間に著しい高低差がある場合、人や車両が直接出入りすることが困難だったり、大雨が降った際に水が流れ込んで浸水したりといったマイナス面があることから、利用価値が著しく劣ると考えられます。

ただし、こういったマイナス要素を考慮して路線価が付されている場合は10％減を適用できません。しかし通常、路線価はその道路に面した標準的な土地を想定して設定されるため、先述したような特殊な状況は斟酌（しんしゃく）されていないことが多いのです。

また、A土地は道路と約2ｍの高低差がありましたが、どのくらい高低差があれば利用価値の著しい低下が認められるかについて数値的な規定はなく、土地の接道条件や利用実態、地域の特性などを総合して個々に判断されます。

A土地の場合、同じ路線上の土地で高低差があるのはA土地のみであること、出入りのためにスロープの設置を強いられていること等の状況から10％減を適用できると判断し、評価意見書をまとめました。それが税務署にも認められ、630万円の評価減、約250万円の相続税が還付されました。

高低差は地図からは読み取れないことが多く、現地調査の重要性がよく理解できます。また、利用価値の低下による減額が適用されるかどうかは明確な基準がなく、判断に迷いやすい部分です。不動産鑑定士であれば、時価評価の観点から客観的な分析や適正な判断をすることが可能です。

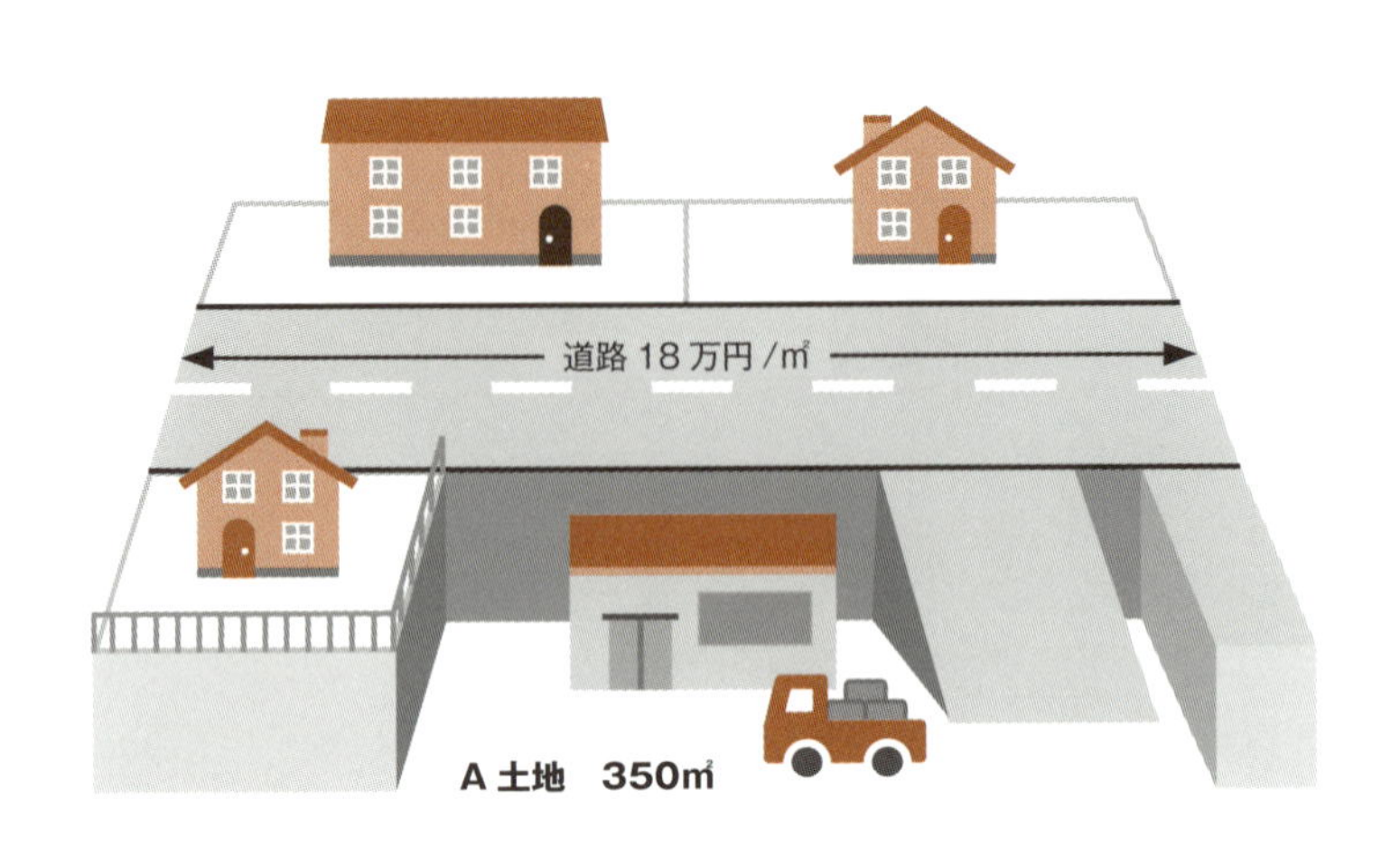

当初の評価

道路との高低差を考慮せず評価

相続税評価額
63,000,000 円

見直し後の評価

利用価値が著しく低下している土地として評価

相続税評価額
56,700,000 円

これだけの評価差が！
6,300,000 円

約 250 万円、相続税が戻ってきた！

ポイント

- 道路との高低差や震動、騒音があるなど、付近のほかの土地に比べて利用価値が著しく低下している土地は 10% の評価減ができる。
- 土地の利用価値に影響を与える要因は、現地調査で発見できることが多い。

都市近郊にある農地

適切な宅地造成費が控除されているかをチェック

東京都N区の久松様（仮名）は、古くからN区で農業を営んでいるご一家の長男です。お父様が体調を崩して以来、実家に戻り農業を手伝っていました。そして、4年前にお父様が亡くなり、畑（A土地）を相続されました。

控除する宅地造成費は適正か

市街化区域にある農地は宅地（建物の敷地）に準じて評価額を求めます。つまり、農地が宅地であるとした場合の価額から、その農地を宅地に転用するときにかかる造成費を差し引いて評価します。宅地造成費は整地や土砂の積み上げ、擁壁の構築などにかかる費用を鑑(かんが)みて、地域ごとに国税局が定めます。

例えば道路よりも低い位置にある場合などに、土砂で埋め立てて地上げするための費用を「土盛費(どもりひ)」、埋め立てた土砂が崩れるのを防ぐために擁壁を組む費用を「土止費(どどめひ)」といいます。A土地の評価では「土盛費」は控除されていましたが、「土止費」は控除されていませんでした。これは現地で土地の状況を確認する必要があります。

生産緑地に指定されていないか

もうひとつ、この畑が生産緑地であるかどうかを確認しておく必要がありました。生産緑地とは自治体から生産緑地地区として指定を受けた農地をいい、固定資産税の軽減などの優遇措置がありますが、一方で農地等以外への転用利用が制限されます。そのため、相続税評価においても、一定の割合を評価額から減じることができます。

申告書を見た限り、A土地は生産緑地として評価されていませんでしたが、念のため役所で確認することにしました。ちなみに生産緑地に指定された農地には生産緑地であることを示す標識が設置されますが、目立たない場所にあったり、何かの理由でなくなっていたりすることもないとは限りません。

土盛りと土止めはセット

まず現地調査をしたところ、A土地は宅地造成費として土盛費が控除されていたことから予想できる通り、道路より70㎝ほど低い土地でした。こうした土地を宅地として利用しようと思えば、道路の高さまで土砂で埋め立てて地上げ（土盛り）するのが一般的です。加えて、土盛りしただけでは土砂の流出や崩壊のおそれがあるので、すでに擁壁等で囲まれているといった場合を除き、擁壁を組んで土止めする必要があります。このように土盛りと土止めは常にセットで考えます。

A土地の道路側以外の三方は他の所有者の畑と地続きになっていたため、土盛費だけでなく土止費も控除するのが適切と判断されました。

次に、役所でヒアリングしたところ、A土地は生産緑地の指定を受けていることが確認できました。先述の通り、生産緑地は原則として農業を継続しなければなりませんが、一定の場合には自治体への買い取りの申出を経て指定を解除することができます。A土地は買い取りの申出ができる生産緑地に該当していましたので、生産緑地でないものとして評価した価額から5％を減額することができます。

以上の点を考慮して評価をし直したところ、約1200万円の評価差額が生じ、約480万円の相続税が還付されました。久松様には大変喜んでいただき、御礼にと、A土地で育てた大根をたくさんいただくというれしい後日談もありました。

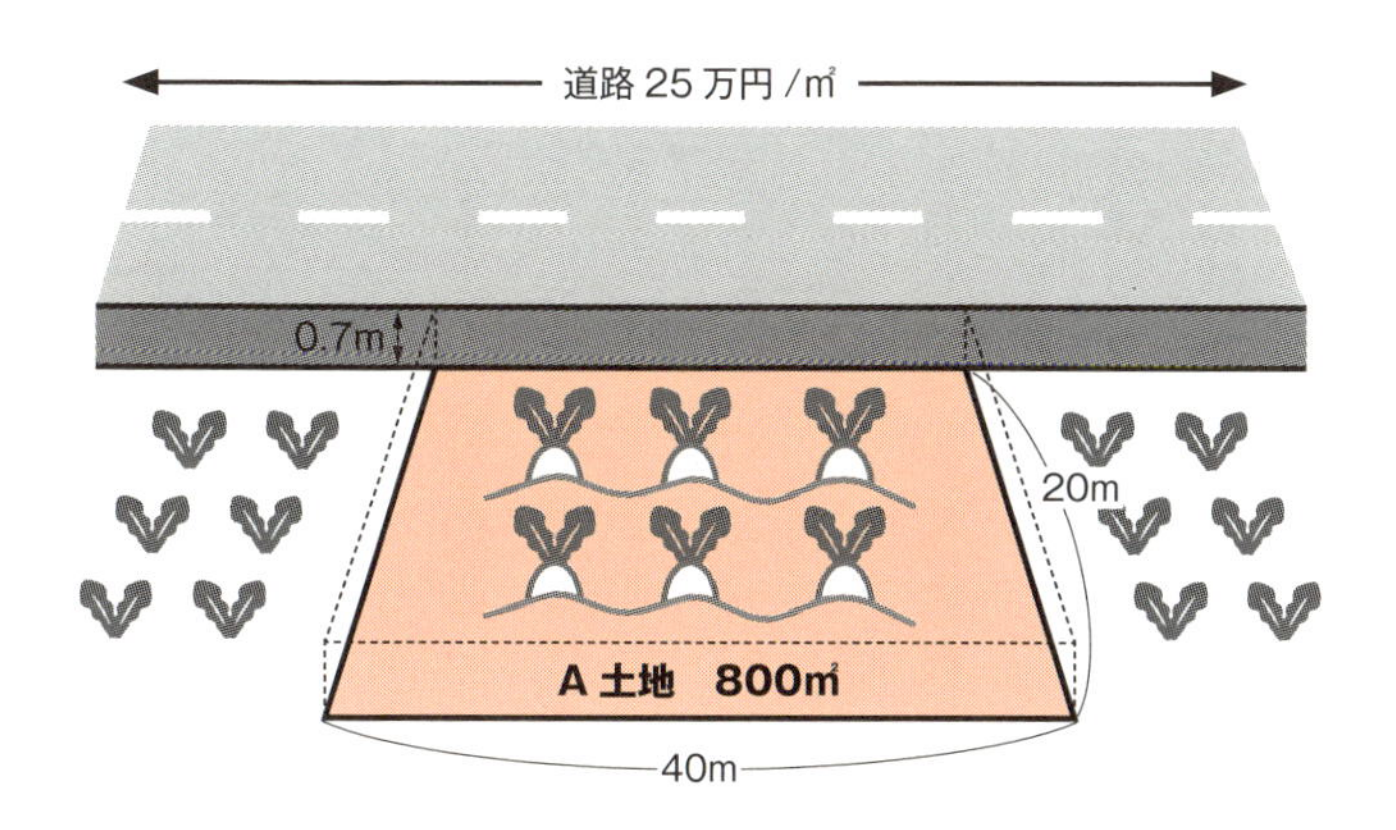

当初の評価

宅地造成費の土止費・生産緑地であることを考慮せず評価

相続税評価額

197,552,000 円

見直し後の評価

土止費を差し引き、生産緑地の減額を考慮して評価

相続税評価額

185,578,320 円

これだけの評価差が！

11,973,680 円

約 480 万円、相続税が戻ってきた！

ポイント

- 市街化区域内にある農地は、宅地としての価額から宅地造成費を控除して評価する。
- 土盛費と土止費はセットで差し引けることが多い。
- 生産緑地の標識はなくなっている可能性もあるので、農地が生産緑地に指定されているかどうかは役所でも確認する。

住宅街にある山林

宅地への転用が見込めない場合は大幅な評価減の可能性も

神奈川県Y市の鈴木様（仮名）は、2年前にお父様から複数の土地を相続されました。土地評価見直しのご相談を受け、ご自宅に伺い相続税申告書を拝見しましたが、大きな減額要素はないように見受けられました。

続いて現地を案内していただき、最後に向かったのが、相続した土地のひとつである山林（A土地）です。A土地は草木が生い茂る傾斜地で、周囲には住宅街が広がっています。

A土地は道路に接してはいるものの、高低差が3mほどあり、直接的には出入りができない状況です。鈴木様によると、この一帯はかつて山林でしたが、住宅街として開発が進み、A土地だけが残されたとのこと。A土地は傾斜が急なので、宅地開発業者から「造成は困難」として敬遠されたというのがその理由です。

がけ地として評価されていた

申告書を再度、拝見すると、A土地は「敷地内にがけのある土地」（詳細は58ページ参照）として評価されていました。この評価方法は土地の一部ががけ等になっていて通常の用途に使えない場合に評価額を減額するものです。これは対象地が「宅地」であることを前提としており、さらにその土地の中に平坦地部分とがけ地部分が一体となって存在しているときに適用されます。

A土地の場合、その状況から「山林」として評価すべきであり、さらに土地全体が傾斜していることから、この評価方法を用いて評価することは適切ではないと考えられました。さらに調査を進め、Ａ土地を詳しく調べたところ、道路に接する起点部分と頂点との高低差は５ｍほどあり、起点と頂点のなす角度は約25度と計測されました。

宅地に転用できるか？

この事例のポイントは「市街地山林の評価」です。詳しくはＰＡＲＴ２の№31「宅地化が見込めない市街地山林」（１２０ページ）をご覧ください。

この考え方をＡ土地にあてはめてみます。まず、Ａ土地はその利用状況および立地から市街地山林として評価するのが適当と考えられます。次に、Ａ土地は急傾斜が原因で開発残地となってきた経緯があります。さらに、Ａ土地を造成して、正面路線に等高の宅地とすることを想定した場合、造成費がかさみ、造成費を上乗せした分譲価格は、周辺宅地に比べははるかに割高となることが予想され、このような土地は、宅地転用の経済合理性を欠いているものと考えられます。

このような点から、Ａ土地は宅地への転用が見込めないと考えられ、近隣の純山林の価額をもとに評価することが適当と判断できます。

以上を踏まえて評価し直すと、当初、約４４６万円とされていた評価額は約２万円と、大幅な評価減となりました。そして、この考えをまとめた評価意見書を税務署に提出した結果、約１００万円の相続税減額が認められたのです。

上から見た図

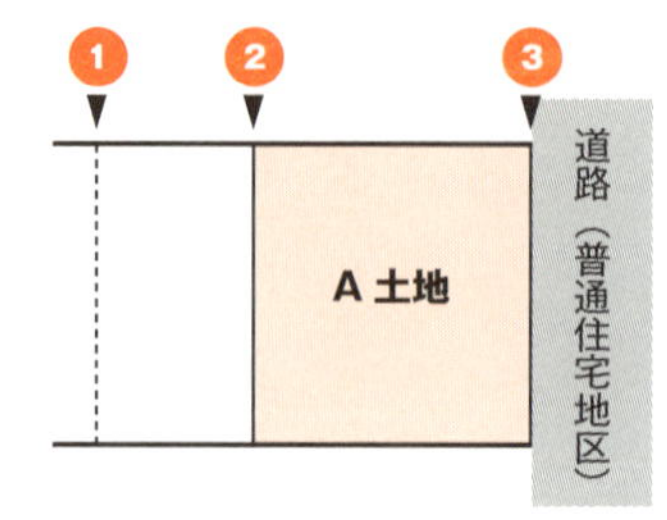

横から見た図

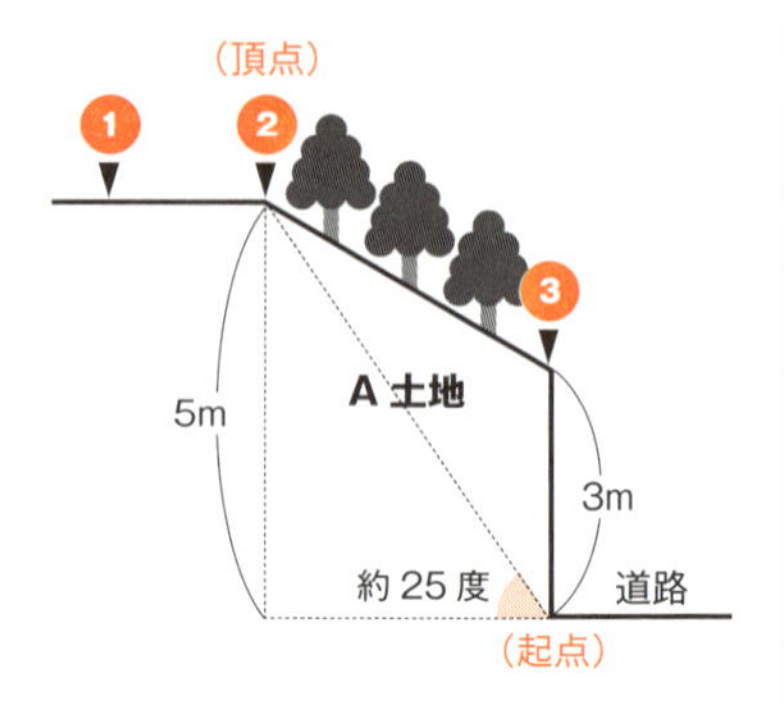

当初の評価

宅地（がけ地）として評価

相続税評価額
4,467,529円

見直し後の評価

純山林として評価

相続税評価額
20,856円

これだけの評価差が！
4,446,673円

約100万円、相続税が戻ってきた！

ポイント

- 「敷地内にがけのある土地」の評価は、対象地が「宅地」であることを前程としており、現況から宅地として評価することが適当でない場合は、市街地山林としての評価等を検討する。
- 市街地山林としての評価では、宅地への転用が見込めるかどうかを検討する必要がある。

個別的な減価要因のある土地

市場価格と明らかに差がある場合は、時価評価が有効なことも

千葉県C市の内川様（仮名）は、２年前にお父様を亡くし、山林（Ａ土地）を相続されました。Ａ土地はとくに活用の予定もなかったことから、昨年売却し、現在は第三者の所有となっています。

相続税は相続開始時点の財産の状況に基づき課税されるものですので、相続後に売却した土地でも、評価額が適正かどうかを見直し還付を求めることが可能です。そのことを知った内川様は、Ａ土地の評価について私たちにご相談をくださいました。

重要事項説明書の記述から

内川様の相続税申告書を拝見すると、原則通りの評価が行われていて、主だった減額要素はないように思われました。しかし、念のために不動産を売買したときに交わされたＡ土地の「重要事項説明書」を確認したところ、気になる記述がありました。

①Ａ土地の売主（内川様）および南側隣接地（Ｂ土地）の所有者からのヒアリング、地場管工事業者による東側前面道路の調査によれば、Ｂ土地の排水管はＡ土地を経由して配管されている可能性がある

②Ａ土地は、北側隣接地（Ｃ土地）と西側隣接地（Ｄ土地）との高低差が２ｍを超えており、境界部分の擁壁が条例に定める「がけ」に該当するため、その下端から一定の距離内に建築物を建築、または建物敷地を造成する場合には、条例による制限を受ける。なお、この擁壁は建築基準法その他の法

令に抵触している可能性があり、Ａ土地の建物を増改築、再建築する場合、所轄官庁から擁壁の大規模修繕の指導を受ける場合がある

①の記述から、Ａ土地は、Ｂ土地排水管が詰まり、工事が必要となる事態に備えて、あらかじめ排水管を避けて建物を建てざるをえず、建築に制約が生じることが想定されます。Ｂ土地所有者に本管から直接Ｂ土地に排水管を引くよう求めることもできますが、実行までには多くの手続きが必要です。

さらに②の記述から、Ａ土地には、土盛りしてＣ土地・Ｄ土地との高低差を２ｍ以下にする、または建物の擁壁に面する部分を鉄筋コンクリート造にする、もしくは擁壁に面する部分に安全上支障のない塀等を設けるといった措置が必要になると考えられます。加えて、擁壁はＣ土地およびＤ土地所有者の所有となっていたことから、建築確認申請の際に行政から擁壁の修繕を命じられた場合、Ｃ土地・Ｄ土地所有者に修繕を依頼しなければなりません。

このような事情から、Ａ土地の相続税評価額は約２８００万円だったのに対し、実際の売買価格は１４７０万円と約半額で取引されていました。

時価評価による見直し

相続税では、相続財産の価額は、その財産の取得時の時価によるとされています。時価とは、不特定多数の間で自由な取引が行われる場合に成立する価額をいいます。実際には、適正な時価を把握することは難しく、また課税の公平を期すために、財産評価の統一的な基準として財産評価基本通達が定められ、これにより得られた価額を時価とするとされています。

しかし、個別的減価要因が著しい土地の場合、通達による画一的な評価ではこの要因を反映しきれず、結果的に、評価額が実勢価格を上回ってしまうことが、しばしば起こります。

このような場合に、実勢価格をもとにした評価が合理的とされる場合があります。

A土地のケースは土地の個別的減価要因が著しく過大であり、通達に基づく評価では適切な補正が行われていないと判断できました。一方、A土地の売買における価格は、その売買が相続税申告後に行われたもので、売り急ぎや買い進み等の特別な事情がなく、さらに土地の個別的減価要因を加味して形成されていると考えられたため、売買価格を相続開始時点に引き直して時価とし、それによる評価を行うこととしました。こうして更正の請求を行った結果、約1400万円の評価減、約400万円の相続税還付が認められたのです。

先述したように、相続税の財産評価の通達に則ると、どうしても画一的な評価になってしまう側面があります。実際の市場価値と明らかに差がある場合は、売買価格や不動産鑑定士による鑑定評価による価額を採用することも検討するとよいでしょう。

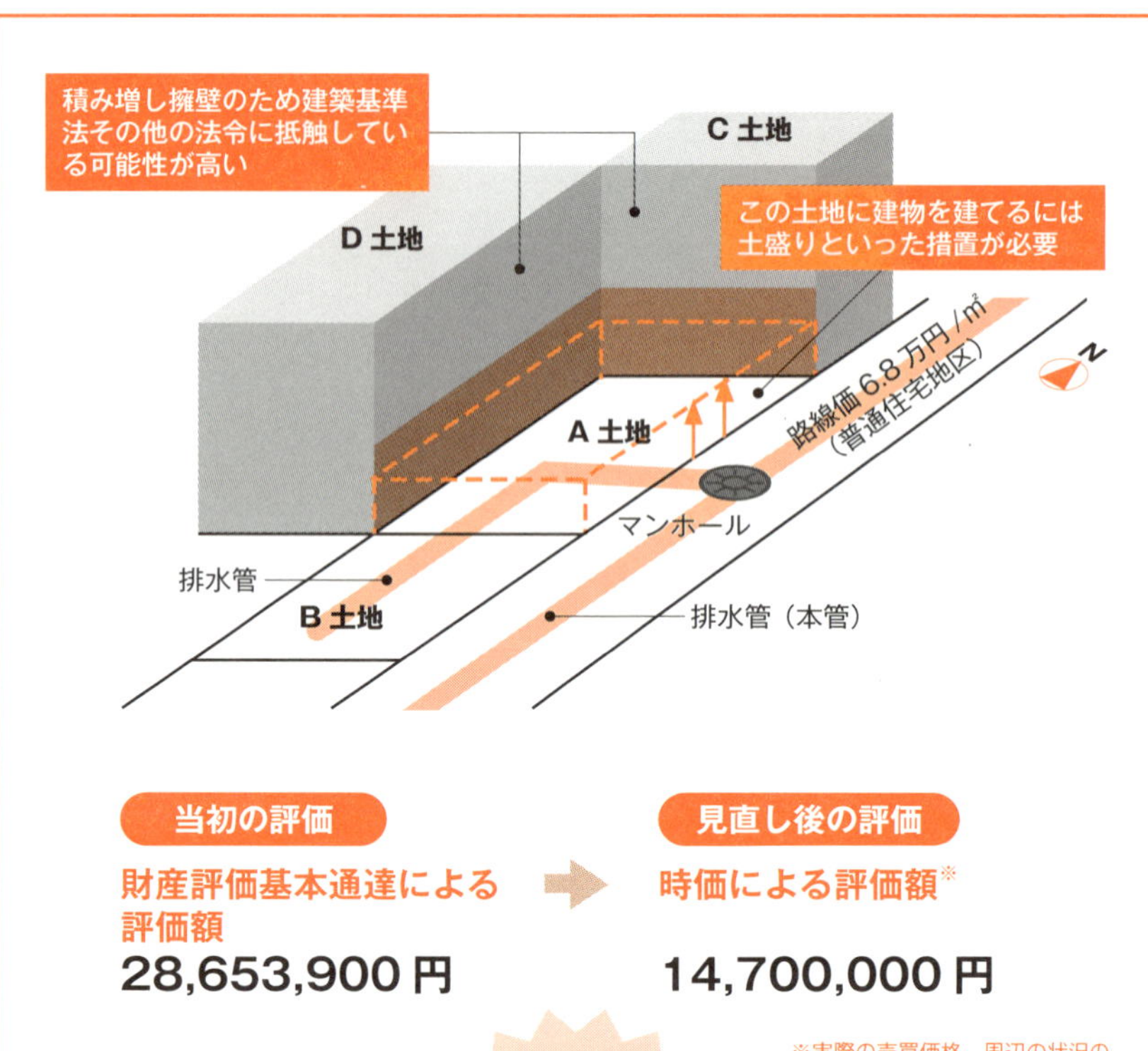

当初の評価

財産評価基本通達による評価額

28,653,900 円

→

見直し後の評価

時価による評価額※

14,700,000 円

※実際の売買価格、周辺の状況の似る地価公示標準地の公示価格より算出した時点修正率を考慮

これだけの評価差が！

13,953,900 円

約 400 万円、相続税が戻ってきた！

ポイント

●相続税の財産評価は原則として「財産評価基本通達」に基づいて行うが、土地の個別的減価要因が著しく市場価格と明らかに差がある場合は、売買価格や鑑定評価額を採用できる場合もある。

PART 4

次なる相続へ、「現状分析」のすすめ

納め過ぎないための対策をしよう！

相続税は、元気なうちにしっかり対策しておけば、遺産分割のもめごとや過大な納税を防ぐことができるものです。このＰＡＲＴでは、次なる相続に向けて行うべき対策について解説していきます。

相続対策の三本柱

相続対策というと、「節税」を最初に思い浮かべる方が多いようです。しかし、すべき対策は節税だけではありません。相続対策には、「遺産分割対策」「納税資金対策」「節税対策」という三本柱があります。

まず優先したいのは遺産分割対策です。相続が起きると、最初に浮上するのが、亡くなった方の財産をどのように分けるのかという問題です。遺産争いは、財産の多少にかかわらず起きるもので、相続人が複数いる場合、積もり積もった兄弟姉妹の不平等感や故人への思い入れ等、繊細な感情が絡む問題だけに、複雑化しやすいといえます。お子さんそれぞれのライフスタイルに配慮しながらも、親の意思をはっきり示す遺言等で、事前に手当てしておくことが、遺産分割対策として重要です。

また、相続税には税額を軽減できる特例（「配偶者の税額の軽減」や、「小規模宅地等の特例」など）がありますが、これらは、原則、遺産分割が確定していないと適用を受けることができません。こうした点からも、まず優先すべきは遺産分割対策だといえます。

次に考慮すべきなのが納税資金対策です。遺産分割の話し合いと並行して、故人の所得税や相続税の申告が必要かどうか、必要ならばそれらの税金をどのように納めるのかを検討しなければなりません。相続する現預金からまかなえればよいですが、足りない場合、相続人自身のたくわえから捻出（ねんしゅつ）するのか、不動産を売却して納税に充てるのかといったことを判断しなければなりません。

とくに、財産の内訳が不動産に偏っている場合は要注意です。相続税は現金一括納付が原則ですので、生命保険を活用するなど、納税資金をどのように確保するか、相続が起きてから考えるのではなく、事前に手当てしておくのが賢明です。

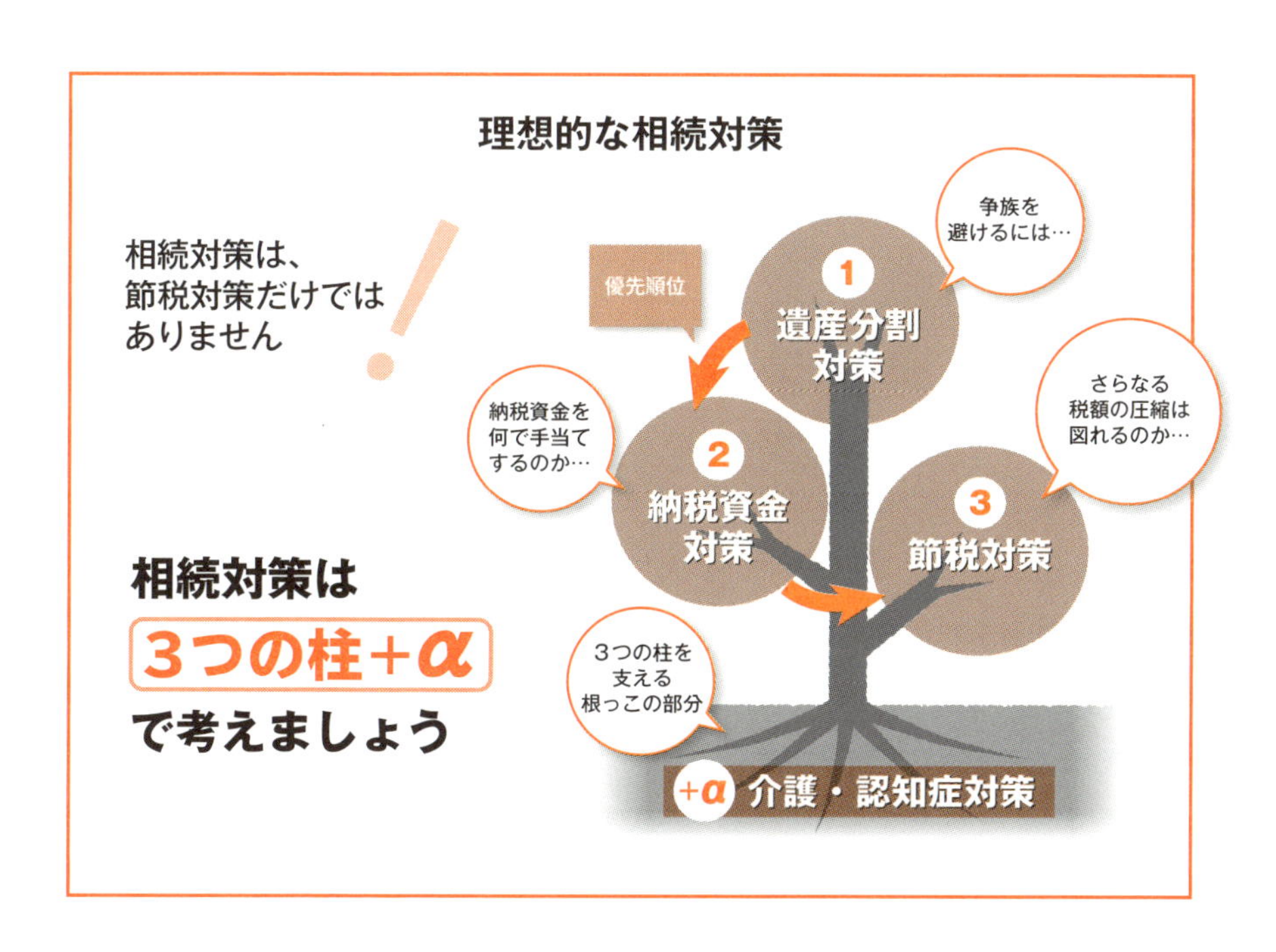

節税のほかにも考えるべきことがある

遺産分割対策や納税資金対策を講じたうえで、もし納税する必要があるのなら、その税金をもっと安く抑えることはできないだろうか？　それを検討するのが3番目の節税対策です。

相続対策は、通常、5年後、10年後の「万が一」に備えて行うものですので、この間には当然、税制改正や景気の変動なども起こりえます。こういった不確定要素を含む以上、現段階で節税に重きを置いた対策を完璧に行うことは不可能といえます。また節税対策に偏ると、遺産分割対策がおろそかになるといったように、両者は相反する場合も多いものです。

以上のことから、円満な遺産分割を行うことを最優先して、遺産分割対策をまず考え、そのうえで納税資金対策、最後に節税対策を検討するのが、相続対策のポイントです。

そして、これらを踏まえたうえで検討していただきたいのが、「介護・認知症対策」です。実は、認知症になり、意思能力がないと判断されると、「金融機関の預貯金の引き出し、解約」「不動産の建築・売買契約」「賃貸借契約」「生命保険への加入」といった法律行為全般ができなくなります。

　こうした本人の法律行為を支援するための制度としてはさまざまなものがありますが、認知症になってから利用できるものとしては、「法定後見」しかありません。この制度は、「本人の身上監護を通じた人権保護」を趣旨とする成年後見制度の方針が厳密に適用されるため、「被後見人（本人）名義の土地を担保にローンを組み、土地に建っているアパートを建て替える」など、「被後見人の財産を積極的に運用する」ことは、原則として認められません。そのため、財産が塩漬け状態になり、相続対策を講じることが、ほとんど不可能になってしまいます。

　このような問題を避けるためにも、相続対策は、被相続人となる方が元気なうちにしておくべきでしょう。厚生労働省によれば、健康上、問題ない状態で日常生活を送れるとされる健康寿命は、男性が72・14歳、女性が74・79歳となっています（いずれも平成28年）。つまり、少なくとも親が70歳を過ぎた段階で、介護・認知症に対する危機感を持つべきといえます。

相続の専門家は、だれ？

　超高齢社会を迎え、財産を持った高齢の方が亡くなる中で、相続対策サービスを売りにする企業も増えています。各業者にはそれぞれ得意分野がありますから、たとえば、建設業者はアパート建築、保険会社は保険加入、金融機関は借り入れや遺言信託を勧めるというように、その提案はどうしても業種のカテゴリーに偏ったものになりがちです。

　各業者から提案される対策には長所と短所があるため、それらを理解したうえで実行していくかどう

かを判断しなければなりません。そのためには、各対策のリスクとコストを見極められる知識をご自身で身に付けるか、そのような知識を有した、中立的な専門家に相談していくことが必要です。

まずは財産の棚卸からはじめよう

相続対策をするにあたって、まずすべきなのは「現状把握」です。被相続人となる方はどんな財産をもっているのか、不動産にはどのぐらいの価値があるのか、相続税はいくらかかるのか、問題点はあるのか、キチンと把握されているでしょうか。

個々の対策を検討する前に、まずは財産の一覧を作りましょう。私たちはこれを「財産の棚卸」と呼んでいます。

被相続人が死亡時に所有していた財産で、金銭に見積もることができるものは、ほとんどすべて相続税の対象となります。土地・建物等の不動産、現金、預貯金、株式等の有価証券、家具、自動車、ほかにも被相続人が保険料を負担していた生命保険金、死亡退職金等も、みなし相続財産として課税の対象となります。また、アパートローンなどの借入金や未払金、故人の葬儀にかかった費用などは、相続税が課税される財産から差し引くことができます。お墓や仏壇などは非課税財産とされ、課税の対象とはなりません。

相続対策の相談は不動産に強い専門家に

PART1で説明したとおり、相続税を計算するためには取得した財産がいくらなのかを金額に換算する（＝評価する）必要があります。現金は額面どおりなので把握しやすいのですが、不動産、とくに土地の価額を適正に導き出すのはとても難しいといえます。そして、相続財産で最大のウエイトを占めるのが土地であり、土地評価いかんで税額が大きく変わってしまうのが、最も厄介な点です。

もし、詰めの甘い土地評価により税額が高く算出されてしまった場合、「納税資金が足りないから」と、本来、売らなくてもよい土地を売却してしまうかもしれません。また相続税の節税を目的として土地を活用するとなった場合に、駅から遠い不便な土地であるのにアパート建築を提案され、実際に建てたはいいが空室ばかりで、経営が立ち行かないといったことも起こるかもしれません。

このようなリスクを避けるために、相続対策においては、現状把握・現状分析を行ったうえで、正確な評価額を出す作業が欠かせません。

ライフプランの設計、スキームの実行

現状の財産内容や相続税額が把握できたら、今度はご家族が持っている夢や希望も「棚卸」し、理想とするライフプランの設計に移りましょう。もしも、現状から見て実現が難しそうだということになれば、どこが問題なのかをあぶりだします。

資金が足りないと考えられるなら、たとえば資産

の組み換えなどにより収入を増やすのか、あるいは支出を減らすのかなど、やるべきことが見えてくると思います。

また、「遺産分割対策」「納税資金対策」「節税対策」の三本柱に基づき、遺産分割方針が決まっているか、それは現実性があるか、納税資金が十分に確保できているか、さらなる節税を図れるのかなど、偏りのないように見ていきましょう。

ここまでの準備を踏まえ、具体的な対策案を検討します。「遺言」や「生前贈与」「保険活用」「不動産活用」「資産の組み換え」「養子縁組」など、財産状況や人生設計に合わせて、最適なスキームを構築し、実行に移します。

スキームを実行すると、「これで相続対策はバッチリ！」と安心されるかもしれませんが、税制改正は毎年、行われており、かつて有効とされた相続対策がその後、意味をなさなくなってしまうこともよくあります。また、当初のスキームを実行したときか

相続対策の順番

ステップ① 現状把握	●財産の棚卸（財産目録の作成） ●推定相続人の把握
ステップ② 現状分析	●財産の特徴を知る ●正しい評価額の算出 ●予想相続税額のシミュレーション
ステップ③ 家族間での人生設計	●今後のライフプランニング ●価値観の共有
ステップ④ 問題のあぶり出し	●夢や希望の実現が可能か ●遺産分割上の問題点はないか ●納税資金を何で手当てするか ●さらなる節税は図れるか
ステップ⑤ 対策案の検討及び実行	●遺言 ●生前贈与 ●保険 ●不動産活用 ●資産の組み替え ●養子縁組 ●家族信託 ●測量 ●不動産処分 ●法人化 ……等
ステップ⑥ 定期的な見直し	●路線価の改定 ●税制改正への対応 ●家族構成やライフプランの変更 ●財産状況の変化 ……等

ら、家族構成やライフプランに変更が生じる場合もあります。相続対策は、定期的に見直しを行い、最適化させていくことが必要です。

フジ総合グループの「相続対策シミュレーション」なら…

これまで、相続対策のポイントについてお伝えしてきました。そして、以上の観点をもとに作られたのが、フジ総合グループの「相続対策シミュレーション」サービスです。本サービスでは、評価額が上振れしやすい土地評価において、減額要素を細部まで検証し、財産額を計算します。そのため、高い精度で相続税額を算出することが可能です。さらに、納税資金が不足する場合の対策も踏まえたうえで、ご家族の希望されるライフプランをもとに、選択肢として取りうる対策を提案、実行のお手伝いをいたします（相続対策シミュレーションの成果物を182ページ、183ページに掲載）。

オーダーメイドの相続対策

当グループの相続対策シミュレーションは有料です。ちまたには、無料の相続税試算サービスがあふれていますが、無料なのには理由があります。「ただ概算査定するだけ」で、お客様に必要な対策の比較検討などは含まれないものがほとんどなのです。

当グループのサービスには、高精度の税額計算だけでなく、相続・不動産の専門家による、中立公正な視点に立ったスキーム提案までもが含まれます。相続については、「税金がいくらかかるかわからない」「何が問題かわからない」と漠然とした不安を抱いている方がほとんどです。当シミュレーションを行うことで、「問題点が見える化されて安心した」「予想相続税額が思っていたより少なくホッとした」「やるべきことがはっきりしてよかった」と、みなさまからお喜びの声をいただいています。

本PARTをお読みになり興味がわいた方、ぜひ一度、ご相談ください。経験豊富なスタッフが、オーダーメイドの相続対策を提案させていただきます。

相続対策の基本を押さえておこう

これまでの相続対策のポイントを踏まえたうえで、相続対策の方法のうち、代表的なものを押さえておきましょう。

■生前贈与による相続対策

贈与を行った場合に課税される贈与税には、年間受贈額が110万円以下なら税金がかからないとする基礎控除枠が設けられています。つまり、基礎控除の範囲内なら、無税でお子さんやお孫さんに財産移転を行うことが可能です（暦年課税）。ただしこの方法では、贈与があったことを証明するために贈与契約書を作成するなど、注意点もあります。

また、一度に多くの財産を贈与したければ、「相続時精算課税」という選択肢もあります。これは、贈与によって取得した財産の価額から2500万円までを控除でき、それを超える分に、一律20％の税率

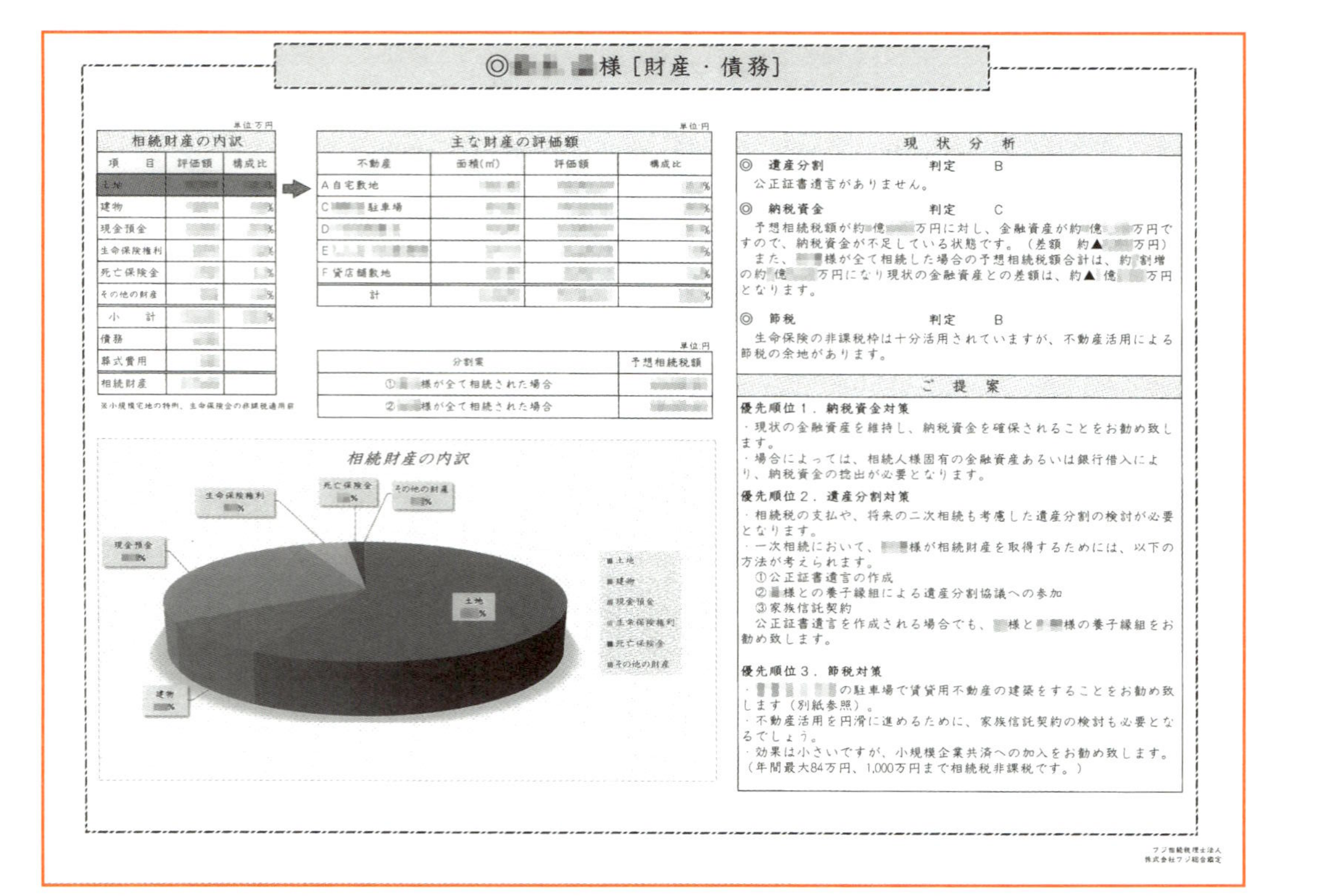

◎[illegible]様［財産・債務］

相続財産の内訳

単位:万円

項目	評価額	構成比
土地	[illegible]	[illegible]
建物	[illegible]	[illegible]%
現金預金	[illegible]	[illegible]%
生命保険権利	[illegible]	[illegible]%
死亡保険金	[illegible]	[illegible]%
その他の財産	[illegible]	[illegible]%
小計	[illegible]	[illegible]%
債務	[illegible]	
葬式費用	[illegible]	
相続財産	[illegible]	

※小規模宅地の特例、生命保険金の非課税適用前

主な財産の評価額

単位:円

不動産	面積(㎡)	評価額	構成比
A 自宅敷地	[illegible]	[illegible]	[illegible]%
C [illegible]駐車場	[illegible]	[illegible]	[illegible]%
D [illegible]	[illegible]	[illegible]	[illegible]%
E [illegible]	[illegible]	[illegible]	[illegible]%
F 貸店舗敷地	[illegible]	[illegible]	[illegible]%
計	[illegible]	[illegible]	[illegible]%

単位:円

分割案	予想相続税額
①[illegible]様が全て相続された場合	[illegible]
②[illegible]様が全て相続された場合	[illegible]

現状分析

◎ **遺産分割**　判定　B

公正証書遺言がありません。

◎ **納税資金**　判定　C

予想相続税額が約[illegible]億[illegible]万円に対し、金融資産が約[illegible]億[illegible]万円ですので、納税資金が不足している状態です。（差額　約▲[illegible]万円）

また、[illegible]様が全て相続した場合の予想相続税額合計は、約[illegible]割増の約[illegible]億[illegible]万円になり現状の金融資産との差額は、約▲[illegible]億[illegible]万円となります。

◎ **節税**　判定　B

生命保険の非課税枠は十分活用されていますが、不動産活用による節税の余地があります。

ご提案

優先順位1．納税資金対策

・現状の金融資産を維持し、納税資金を確保されることをお勧め致します。

・場合によっては、相続人様固有の金融資産あるいは銀行借入により、納税資金の捻出が必要となります。

優先順位2．遺産分割対策

・相続税の支払や、将来の二次相続も考慮した遺産分割の検討が必要となります。

・一次相続において、[illegible]様が相続財産を取得するためには、以下の方法が考えられます。

①公正証書遺言の作成

②[illegible]様との養子縁組による遺産分割協議への参加

③家族信託契約

公正証書遺言を作成される場合でも、[illegible]様と[illegible]様の養子縁組をお勧め致します。

優先順位3．節税対策

・[illegible]の駐車場で賃貸用不動産の建築をすることをお勧め致します（別紙参照）。

・不動産活用を円滑に進めるために、家族信託契約の検討も必要となるでしょう。

・効果は小さいですが、小規模企業共済への加入をお勧め致します。（年間最大84万円、1,000万円まで相続税非課税です。）

フジ相続税理士法人
株式会社フジ総合鑑定

フジ相続グループの「相続対策シミュレーション」の成果物1。被相続人となる方に相続が発生した場合を想定し、その場合の相続財産の評価額の算定、およびそれにより導かれる相続税額の計算を行います。そのうえで、相続対策として取るべき方法をご提案いたします。

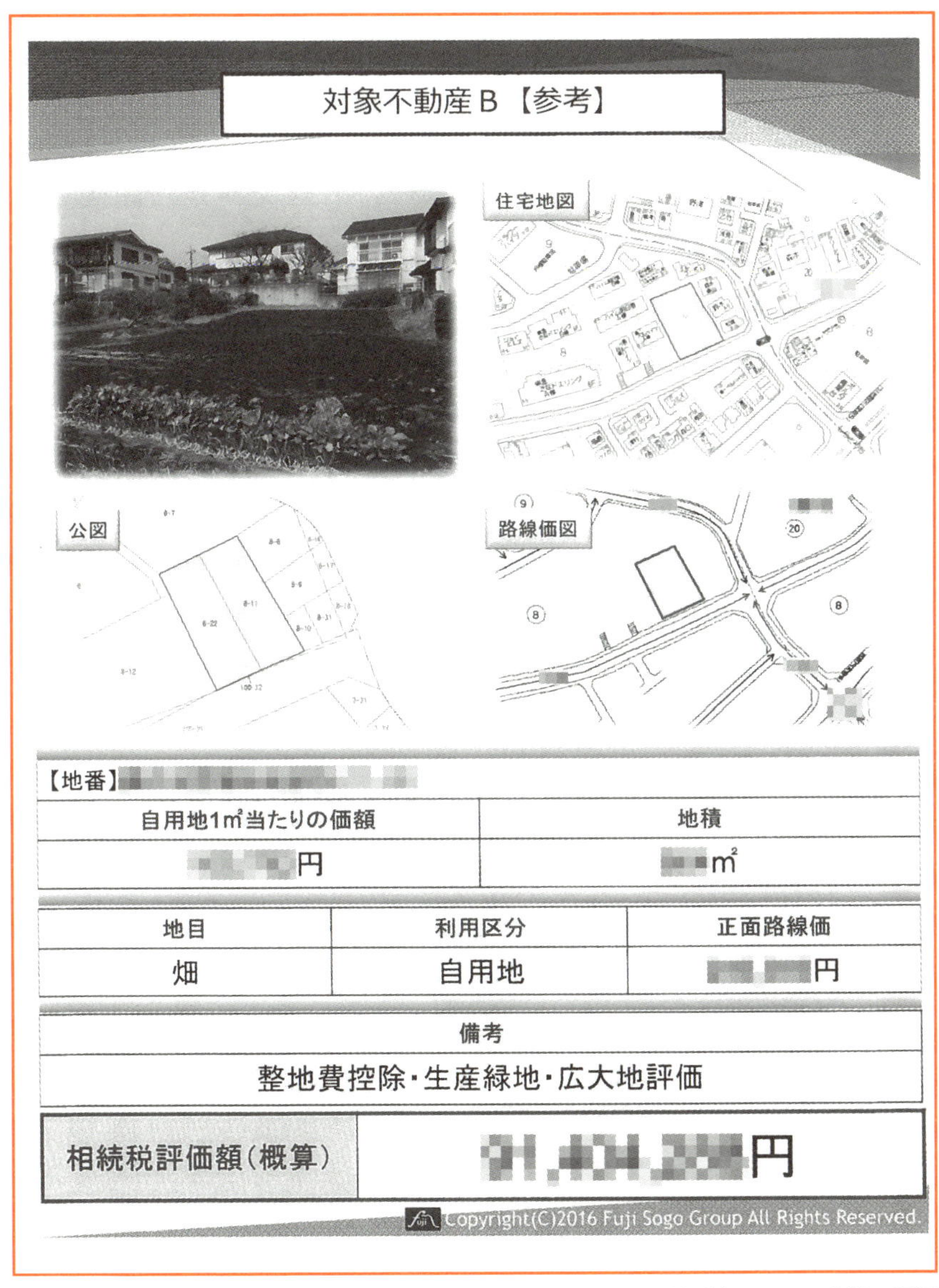

フジ相続グループの「相続対策シミュレーション」の成果物2。相続財産における土地の評価額を記した資料で、路線価、地目といった情報をもとに評価額を算出します。相続税は、土地評価いかんで税額が大きく変わることがあるため、「相続対策シミュレーション」では、この部分をとくに入念に行います。

を適用するものです。

そして、その後に贈与者が亡くなって相続が発生したときに、贈与者である被相続人の相続財産に、相続時精算課税による贈与財産の価額を加算し、そこからすでに支払った贈与税額を控除して相続税額を計算します。

本制度は、一度、適用を受けると撤回できず、同じ贈与者・受贈者のペアでは暦年課税を利用することができなくなるため、利用には注意が必要です。

■保険を使った相続対策

生命保険にはさまざまな商品がありますが、相続対策を考える上では、保障が生涯続く「終身型」の保険を利用するのが一般的です。

①相続人一人あたり500万円までの相続税非課税枠を利用する

保険料負担者と被保険者が被相続人で、受取人が相続人である生命保険には、相続税の基礎控除とは別に、相続人一人あたり500万円の非課税枠が設けられています。そのため、たとえば銀行等に1000万円を預金しているよりも、仮に相続人となる者が2名いる場合には、死亡保険金1000万円の生命保険に切り替えるだけで、相続税の節税になります。

②生命保険金を、相続発生後のまとまった手元資金として利用する

親（想定被相続人）を被保険者とし、子（想定相続人）を受取人とした生命保険に加入することで、親が亡くなった場合の子の納税資金対策に活用できます。親名義の預貯金は、親が亡くなると凍結され、遺産分割等が完了するまでは原則、使うことができません。しかし、保険金は相続開始をきっかけに使えるお金となるため、葬儀など、相続開始直後の当面の資金に活用することが可能です。

③解約返戻金での評価となることを利用した対策

親が子や孫を被保険者とした保険に加入していた場合、契約者である親が亡くなったらどうなるのでしょう？

この場合、その生命保険は「生命保険に関する権利」という財産名で、解約返戻金相当額で評価され、相続税の課税対象になります。

相続税法上、相続開始時点の解約返戻金での評価となるところがポイントで、通常、払込期間中は払込済保険料より解約返戻金額の方が安いので、その分、保険金相当額の金銭をそのまま相続するよりも節税となります。

相続対策として保険を活用する場合、中途解約を前提とはしていないので、相続の発生が近い将来予測されるような場合には、解約返戻率が当初の一定期間、抑えられているような保険商品を選ぶとよいでしょう。

解約返戻金での評価となることを利用した対策

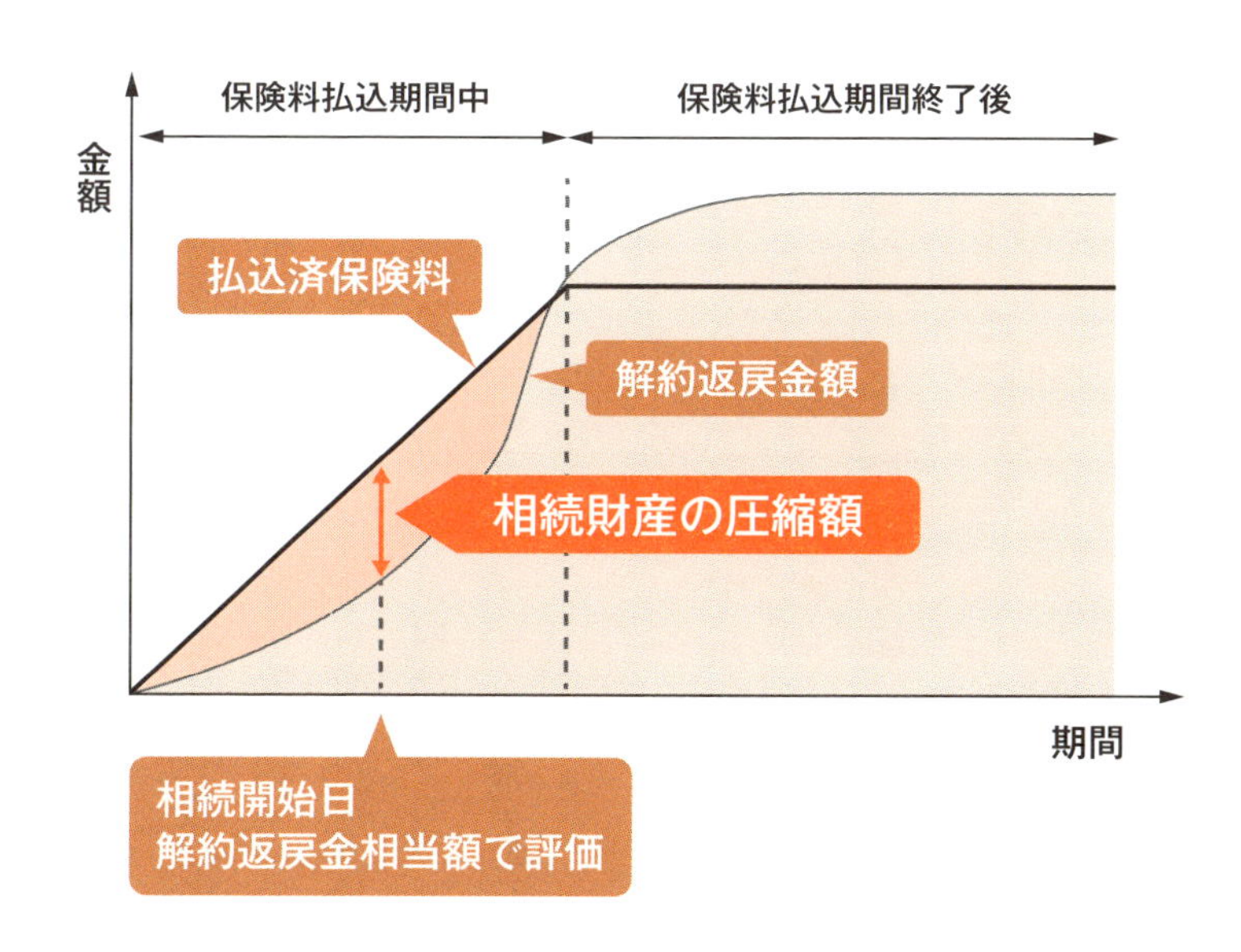

④遺産分割（遺留分）対策としての保険活用

生命保険金はみなし相続財産に分類され、本来の相続財産ではありません。つまり、遺産分割の対象となりません。

相続人には、相続財産の一定割合を取得する権利である「遺留分」が保障されていますが、生命保険金については、これを主張することができません。

その点、生命保険金は契約者の意思により確実に受取人に受領させることが可能です。

たとえば、家業を継ぐ長男に、事業で使う土地や建物をすべて相続させたい場合の代償金や、親の老後の面倒をみてくれた娘にすべての財産を遺す遺言を作成した場合の他の相続人への遺留分対策として、保険を活用することで、円滑な遺産分割が可能となります。

■賃貸物件建築による相続対策

アパートなどの賃貸物件を建築することにより、相続税の節税効果を期待することができます。

しかし、賃貸物件の経営には、空室対策や老朽化による修繕費の問題等、それ自体がリスクを伴いますので、当該建物がその地域の特性や建物の利用状況、将来的な需要において、十分な採算性が期待できるものかどうかなど、慎重に検討する必要があります。

具体的には、PART２のNo.20「アパートや貸家の敷地」（90ページ）、No.21「サブリース契約を結んだ貸家の敷地」（92ページ）、コラム「アパート経営とサブリース契約」（94ページ）をご覧ください。

二大特例を意識した対策を

相続税の計算では、「条件にあてはまれば、減額してもよい」とされる項目がたくさんあります。その中でも「小規模宅地等の特例」と、「配偶者の税額の軽減」は、必ずといっていいほど適用の有無が検討される項目です。

小規模宅地等の特例とは？

小規模宅地等の特例は、個人が、相続により取得した財産のうち、相続開始の直前に被相続人等の事業の用に供されていた宅地や、被相続人等の居住の用に供されていた宅地の価額を、一定面積まで、80％または50％減額してもよいとするものです。

被相続人が住んでいた土地や事業をしていた土地というのは、相続人にとっても生活基盤となっていることが多く、このような財産にまで相続税をかけてしまうと、相続発生後の相続人の生活を揺るがす可能性があるため、このような特例が設けられています。

小規模宅地等の特例は、適用を受ける土地の区分ごとに、限度面積と減額割合が定められています。選択した土地が限度面積に満たない場合は、複数の土地を選択することもできます。

その中で、最も節税効果が高い土地から優先して適用するのが望ましいといえますが、適用を受ける取得者のみが有利となるため、相続人間で争いが起こらないよう配慮が必要です。遺産分割面と節税面の双方から検討し、事前に方針を立てておきましょう。

なお、本特例の適用を受けるには、原則として相続税の申告期限までに、少なくとも特例の適用を受けたい土地に関しては遺産分割がされている必要があります。

「特定居住用宅地等」と「特定事業用宅地等」の併用をねらう

小規模宅地等の特例では、「特定居住用宅地等」330㎡と「特定事業用宅地等」400㎡を合わせると最大730㎡まで80％の減額を受けられることから、現在、要件に該当しない方でも、未利用地や広

小規模宅地等の特例とは…？

小規模宅地等については、相続税の課税価格に算入すべき価額の計算上、以下の表に掲げる区分ごとに一定の割合を減額します。

相続開始の直前における宅地等(※1)の利用区分	被相続人等の**居住の用**に供されていた宅地等	被相続人等の**事業の用**に供されていた宅地等		
		貸付事業以外の事業用の宅地等	**貸付事業（※2）用**の宅地等	
要件	**特定居住用宅地等**に該当する宅地等	**特定事業用宅地等**に該当する宅地等	**特定同族会社事業用宅地等**に該当する宅地等（一定の法人の事業の用に供されていたものに限ります。）	**貸付事業用宅地等（※3）**に該当する宅地等
限度面積	330㎡	400㎡	400㎡	200㎡
減額割合	80%	80%	80%	50%

（※1）宅地等とは、土地または土地の上に存する権利で、一定の建物または構築物の敷地の用に供されているものをいいます。

（※2）「貸付事業」とは、被相続人等の「不動産貸付業」、「駐車場業」、「自転車駐車場業」及び事業と称するに至らない不動産の貸付けその他これに類する行為で相当の対価を得て継続的に行う「準事業」のことをいいます。

（※3）平成30年4月1日以後の相続により取得した宅地等については、その相続の開始前3年以内に新たに貸付事業の用に供された宅地等は、原則、貸付事業用宅地等から除かれます。

国税庁「相続した事業の用や居住の用の宅地等の価額の特例（小規模宅地等の特例）」

大な自宅敷地がある場合、その一部に自分が経営するコンビニや喫茶店、趣味を生かした店等の事業を行うことで、その土地を「特定事業用宅地等」として評価できる可能性があります。

ただし、その事業がうまくいかなかった場合のリスクや、事業（土地）を引き継ぐ方の意見等もふまえ、よく検討することが大切です。

二世帯住宅、老人ホームのこと

小規模宅地等の特例では、構造上区分された（建物内部で行き来できない）二世帯住宅について、区分所有登記がされておらず所定の要件を満たすものは、その敷地全体が特例の適用対象となります。

このため、たとえば、1階に親世帯、2階に子世帯が住んでいる二世帯住宅の場合、相続時に敷地全体（330㎡まで）に小規模宅地等の特例が適用できるだけでなく、建物の構造が完全に分かれているのであれば、将来的には賃貸併用住宅として第三者に賃貸するという活用方法も考えられます。

また、亡くなった方が生前、老人ホーム等への入所により自宅には住んでいなかった場合でも、その自宅敷地に小規模宅地等の特例が適用できます。

ただし、介護のための入所であること、自宅家屋が貸付けされていないこと等の要件があります。

小規模宅地等の特例は、要件が非常に複雑なことから、適用にあたっては慎重な判断が必要です。本特例を踏まえた相続対策を検討する場合、相続専門の税理士事務所などに相談することをおすすめします。

配偶者の税額の軽減とは？

配偶者の税額の軽減は、配偶者の老後の生活を保障することなどを目的として、被相続人の配偶者が取得した財産について、「1億6000万円」か「配偶者の法定相続分相当額」までであれば、相続税がかからないとするものです。

配偶者の税額の軽減シミュレーション

一次相続で法定相続分どおりに相続した場合と、
子が多めに相続した場合

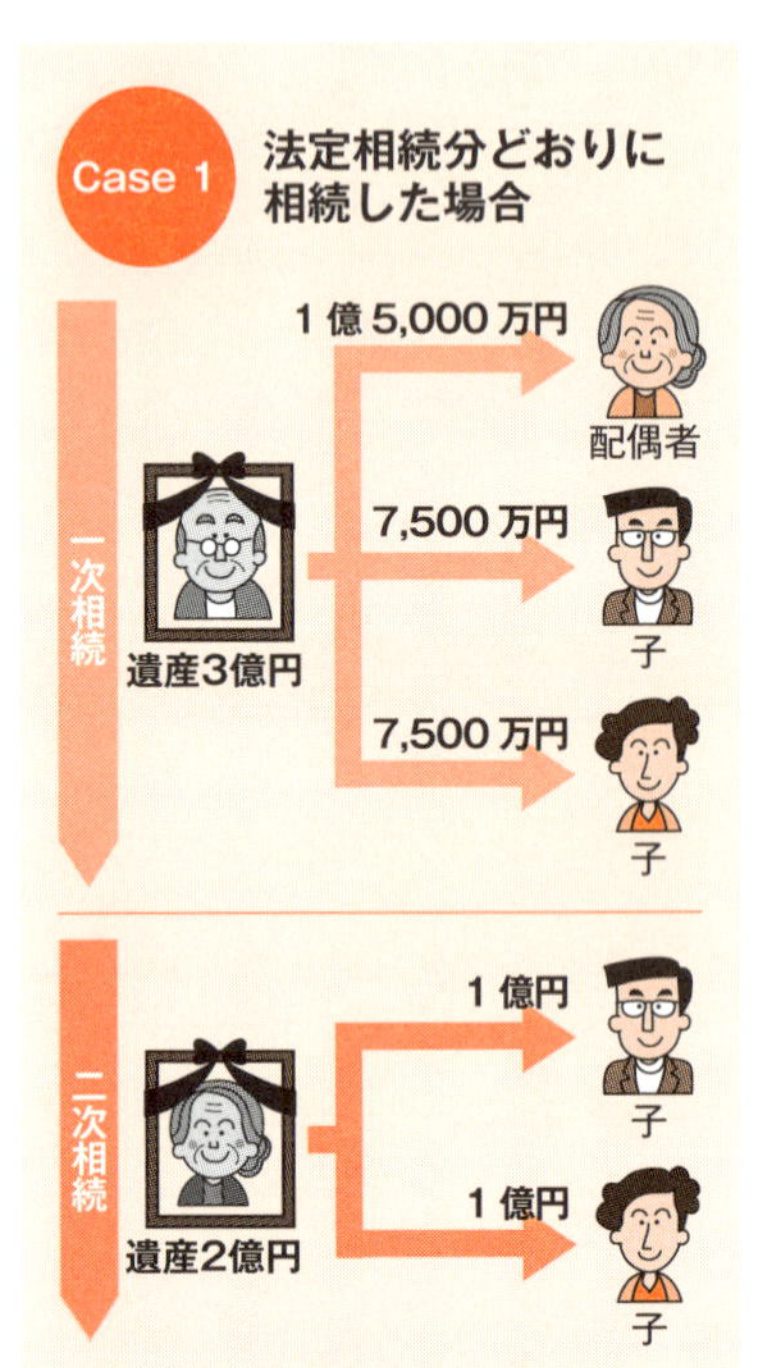

相続税

	一次相続時	二次相続時
配偶者の相続税	0円	ー
子の相続税（2人分）	2,860万円	3,340万円
合計	2,860万円	3,340万円

相続税の総額 6,200万円

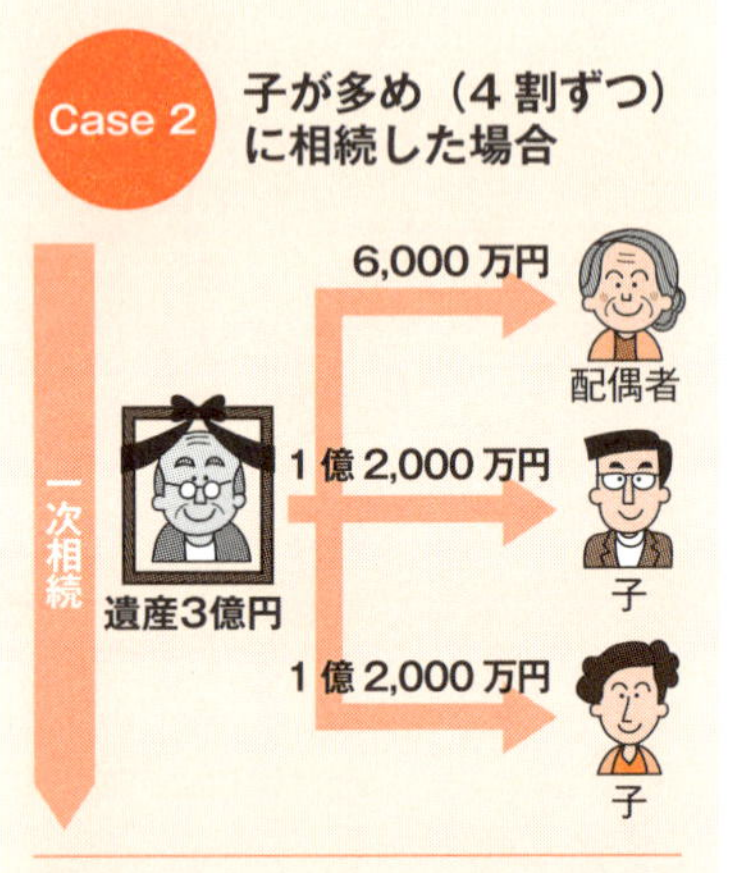

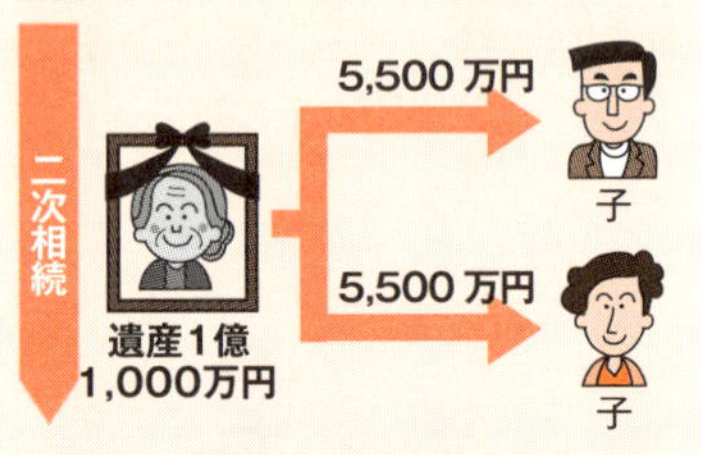

相続税

	一次相続時	二次相続時
配偶者の相続税	0円	ー
子の相続税（2人分）	4,576万円	960万円
合計	4,576万円	960万円

相続税の総額 5,536万円

遺産は基礎控除額を控除する前の額。配偶者自身の財産を5,000万円と仮定この特例は一見するとありがたい制度のように思えますが、注意点があります。

相続税の税率は、相続財産が増えると、加速度的にその割合が増える超過累進税率を採用しています。

たとえば、夫が亡くなり、妻が夫の財産をすべて相続する場合（一次相続）、このときに配偶者の税額の軽減を使うと、妻の取得分については、特例の範囲内では相続税がかかりません。

しかし、妻は、夫から財産を引き継ぐ以前から、本人名義の財産を持っている場合があります。その状態で妻が亡くなると（二次相続）、夫から引き継いだ財産と、妻固有の財産を合算したものが、一度に子に相続されます。そうなると、一次相続で夫の財産を子に多めに相続させた場合に比べて、1回あたりに子が取得する財産が増えてしまい、税率が上がってしまうことがあります。

さらに、相続税の基礎控除は相続人の数によって増減し、一般的には一次相続より二次相続の方が相続人の数が減るため、結果的に二次相続では、納めるべき税額が増えます。

加えて、二次相続では配偶者の税額の軽減が使えないことが多いことから、このような特徴により、特例を使えるからと、一次相続で配偶者に財産を相続させすぎると、二次相続の税額が跳ね上がってしまうことがあるのです。

この傾向は、実際に本特例をシミュレーションしてみると、よくわかります。

つまり、配偶者の税額の軽減を利用する場合は、二次相続まで見据えて、配偶者と子が取得すべき財産の配分を検討していく必要があります。

また、一次相続で配偶者が取得すべき具体的な財産としては、二次相続における相続財産を少なくするため、「建物」など価値が目減りしていくもの、「現預金」など生活費として消費されていくものがよいでしょう。

小規模宅地等の特例と配偶者の税額の軽減を利用

する場合は、税務署に申告書を提出しなければなりません。これら特例により税額が基礎控除以下になったからといって、申告せずにいると、後で税務署からおたずねを受けることがあります。そのときになって慌てることのないように、キチンと申告はするようにしましょう。

認知症対策は家族信託がおすすめ！

信託とは、自己の財産を信頼できる者に託してその財産を運用させ、そこから生じた利益を、受け取る者を指定し、その人に与える枠組みをもった契約をいい、託す財産を「信託財産」、自己の財産を託す人を「委託者」、託される人を「受託者」、また利益を受ける人を「受益者」といいます。信託銀行などが行う営利を目的とした信託は「商事信託」と呼ばれる一方、営利を目的としないものは、「民事信託（家族信託）」と呼ばれます。

平成18年、84年ぶりの信託法大改正によって、営

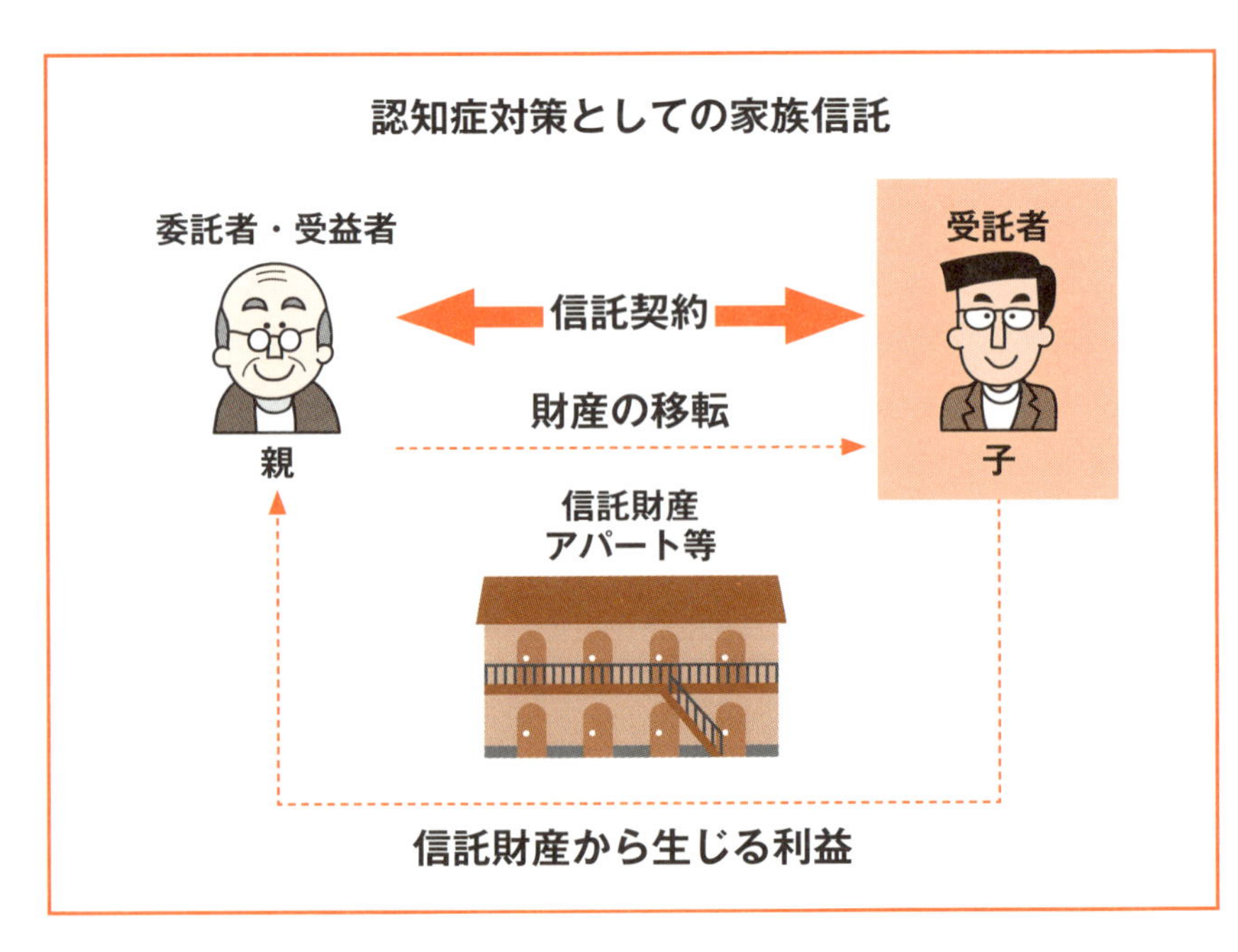

利を目的としない「信託」（家族信託）をつくることが容易になりました。信託は非常に弾力的な契約を組めるために、近年、有力な相続対策のひとつとして注目されています。

信託契約を結ぶと、信託財産の所有権が委託者から受託者に移転し、受託者名義で契約行為を行えるようになります。さらに、受益者には、信託財産にかかる経済的利益を受け取る権利（受益権）が発生します。

たとえば、アパートなどを信託財産とし、委託者と受益者をアパートの所有者である親、受託者を子とします。このスキームを組むと、親に代わって、子がアパート等の財産の管理や運用をすることが可能になります。万が一、親が認知症を発症した場合でも、アパート経営を継続することが可能になるほか、不動産の売却や大規模修繕等も、委託者である子の一存でできるようになります。

なお、本書では詳しくふれませんが、成年後見制度の中の「任意後見」を利用した認知症対策もあります。「家族信託」「任意後見」にはそれぞれメリット、デメリットがあり、各家庭の事情によって、選ぶべき対策が変わります。

認知症患者は、2030年にかけて700万人以上となることが予想されています。お持ちの財産が塩漬けになる事態を防ぐため、家族信託などの対策を事前に講じておくことが望まれます。

私たちフジ総合グループへのお問い合わせは

【本部・東京事務所】

〒160-0022
東京都新宿区新宿2-1-9
AIRA新宿御苑ビル（旧:ステラ新宿）2F・9F（総合受付）
受付時間 9:00～18:00

0120-95-4834

【名古屋事務所】

〒460-0008
愛知県名古屋市中区栄1-2-7
名古屋東宝ビル5F
受付時間 9:00～18:00

0120-94-6121

【大阪事務所】

〒532-0003
大阪府大阪市淀川区宮原5-1-3
NLC新大阪アースビル607
受付時間 9:00～18:00

0120-39-3704

https://fuji-sogo.com/

◉著者略歴◉

藤宮 浩（ふじみや ひろし）

埼玉県出身。平成5年日本大学法学部卒業。平成7年宅地建物取引主任者資格試験合格。平成16年不動産鑑定士試験合格および登録。平成24年ファイナンシャルプランナー CFP 登録。株式会社フジ総合鑑定代表取締役であり、フジ相続税理士法人、株式会社フジ総合鑑定等からなるフジ総合グループの代表。主な著書に税理士・髙原誠との共著『日本一前向きな相続対策の本』（平成27年現代書林）、不動産鑑定士・小野寺恭孝との共著である『これだけ差が出る 相続税土地評価15事例 基礎編』(平成28年クロスメディア・マーケティング)。セミナー講演、各種媒体への出演、寄稿多数。とくに雑誌『家主と地主』への寄稿は73回を数える。

髙原 誠（たかはら まこと）

東京都出身。平成17年税理士登録。平成18年税理士・吉海正一氏とともにフジ相続税理士法人を設立、同法人代表社員に就任。相続に特化した専門事務所の代表税理士として、年間約700件の相続税申告・減額・還付業務を取り扱う。現在、フジ相続税理士法人、株式会社フジ総合鑑定等からなるフジ総合グループの副代表。不動産鑑定士の藤宮浩と共著あり（詳細は藤宮のプロフィールを参照)。セミナー講演、各種媒体への出演、寄稿多数。

相続税を納め過ぎないための土地評価の本

2019年5月1日　初版第1刷

著　者 ――― 藤宮　浩
髙原　誠

発行者 ――― 坂本桂一
発行所 ――― 現代書林
〒162-0053　東京都新宿区原町3-61　桂ビル
TEL 03(3205)8384　振替 00140-7-42905
http://www.gendaishorin.co.jp/
デザイン ――― 中曽根デザイン
イラスト ――― 青木青一郎

印刷・製本　㈱シナノパブリッシングプレス　定価はカバーに表示してあります。
乱丁・落丁本はお取り替えいたします。

本書の無断複写は著作権法上での例外を除き禁じられています。購入者以外の第三者による本書のいかなる電子複製も一切認められておりません。

ISBN978-4-7745-1776-6　C0033